Yunnan Sheng Gonglu Gongcheng

云南省公路工程

Jianshe Zhiliang Jiandu Guanli Zhinan

建设质量监督管理指南

云南省交通运输厅工程质量监督局　编著

人民交通出版社股份有限公司
China Communications Press Co.,Ltd.

内 容 提 要

遵照国家关于工程建设的有关标准、办法和规定，结合几十年来云南公路建设质量管理实践经验，总结、梳理、编撰出本指南，把公路建设的质量管理程序、规定，各个阶段的要求，系统归纳整理在一起，以供读者方便使用。

在本指南中，还特别介绍公路建设常见的质量通病和应对措施，以供建设者吸取教训，避免病害重生。

本指南可供在云南省从事公路建设的设计、施工、监理、质量管理和监督的干部、技术人员使用，也可供兄弟省区的相关人员及有关院校师生学习参考。

图书在版编目(CIP)数据

云南省公路工程建设质量监督管理指南/云南省交通运输厅工程质量监督局编著.—北京：人民交通出版社股份有限公司，2015.8

ISBN 978-7-114-12411-2

Ⅰ.①云… Ⅱ.①云… Ⅲ.①道路工程—工程质量—质量监督—云南省—指南 Ⅳ.①U415.1-62

中国版本图书馆 CIP 数据核字(2015)第 171775 号

书　　名：云南省公路工程建设质量监督管理指南
著 作 者：云南省交通运输厅工程质量监督局
责任编辑：刘永芬
出版发行：人民交通出版社股份有限公司
地　　址：(100011)北京市朝阳区安定门外外馆斜街 3 号
网　　址：http://www.ccpress.com.cn
销售电话：(010)59757973
总 经 销：人民交通出版社股份有限公司发行部
经　　销：各地新华书店
印　　刷：北京市密东印刷有限公司
开　　本：787×1092　1/16
印　　张：8.25
字　　数：180 千
版　　次：2015 年 8 月　第 1 版
印　　次：2015 年 8 月　第 1 次印刷
书　　号：ISBN 978-7-114-12411-2
定　　价：38.00 元

《云南省公路工程建设质量监督管理指南》

编制单位

编制单位：云南省交通运输厅工程质量监督局

参编单位：云南省公路科学技术研究院

编委会

主　　编：和　昆

副 主 编：李桓兴　李俊锋　粟海涛

编写人员：张　卓　余庆平　杨亚新　段成刚

杨　敏　谭晓琦　杨　静　武　明

肖俊杰　王　晖　刘庆志　王应斌

苏鹤俊　胡盛华　叶　筠　严　圆

周　彬　邓旭东　任志华　陈旭丹

刘唯刚　罗代明

前　言

“百年大计，质量第一”。在公路工程建设过程中，我省始终严格执行国家及行业颁布的相关规范、标准和规定，期间积累了许多宝贵的工程质量管理经验。为更好地执行这些规定，我局会同云南省公路科学技术研究院，对这些经验进行了总结，并按项目建设程序和质量管理程序，将积累的经验梳理成章，编撰了本“指南”，以供公路工程质量监督人员及项目质量管理人员参考使用。

本“指南”针对国家和行业现行有关公路工程质量管理的规定和要求，结合我省质量管理特点，对项目建设准备、施工、交竣工等各阶段的质量管理重点进行了梳理和归纳；针对常见的工程质量通病，提出了预防和治理措施；针对我局实际管控的具体做法，对各阶段实施的检查工作分别从组织安排、方案制定与审查、报告出具与审查等流程予以明确，并以示例形式予以规范。

按照我省公路建设规划，截止到“十二五”末，全省累计建成 4 000km 高速公路。“十三五”期间，全省还将建成 2 000km 高速公路。在新的发展时期，我省交通行业面临着许多新的挑战，公路工程质量管理工作任务更加繁重而艰巨。面对压力与挑战，我们更应发扬敢于担当的作风，按照本“指南”要求，把工程质量管理工作的各项要求严格落实到位，保障我省公路建设事业安全发展。

本“指南”在编撰过程中，得到了省交通运输厅的关心和指导，并得到了有关部门和诸多单位的大力支持，同时借鉴了兄弟省份的先进经验和方法，在此一并表示感谢。

我省积累的工程质量管理经验虽然丰硕，但由于编者水平有限，难免挂一漏万，敬请广大读者在使用过程中予以补充和指正。

编　者

2015 年 7 月

前言

2015年7月

目　　录

第1章　公路工程项目建设质量管理基本程序

我国公路工程项目实行“企业自检、社会监理、法人管理、政府监督”四级质量保证体系。施工企业是工程质量的责任主体,社会监理是质量管理的有效手段,项目法人在工程质量管理中起着主导作用,政府监督是工程质量的重要保证。四级质量保证体系是个有机整体,只有施工、监理、项目法人和政府部门都切实履行职责,牢牢把握工作重点,才能确保质量保证体系良性运行、高效运转。

国家实行公路工程质量监督制度。公路工程质量监督管理由各级交通运输主管部门或委托其所属的质量监督机构负责实施。从办理工程质量监督手续起,到工程通过竣工验收止,为公路工程项目的质量监督期。

本章重点对建设、设计、施工、监理、检测和政府监督等单位,在工程项目建设施工准备阶段、施工阶段、交(竣)工验收阶段的主要职责、内容、程序及工作要求提出指导性意见。

1.1　施工准备阶段

1.1.1　建设单位

建设单位是公路工程项目组织实施的总集成者,必须依照有关公路工程建设的法律、法规、规章、技术标准、规范和合同文件,认真组织工程项目的设计、施工和监理,并对项目建设目标的实现负直接责任,对项目建设实施阶段全过程,包括工程质量、安全生产、投资控制、工程进度、合同管理及廉政建设等负总责。

1)建立质量保证体系

按照交通运输部及省厅有关规定,项目责任单位应结合工程实际,规范、合理设立项目现场管理机构(即建设单位),建设单位人员数量及其配置应当满足项目管理的需要,不能满足要求的应及时进行整改或者委托具备条件的专业化项目管理单位进行代建。项目建设单位应建立健全质量保证体系,明确质量管理目标,落实工程质量责任制,制定工程质量管理各项制度。

2)组织设计交底

建设单位技术负责人在项目开工前必须认真组织图纸会审,并根据图纸会审意见,组织设计、施工、监理单位有关人员,组织召开设计交底会议。

3)检查监理单位准备工作

建设单位应设置相应工作部门,具体负责监理管理工作,并督促相关监理单位和人员认真履行工作职责。

(1)检查监理单位质量保证体系及各项管理制度的制定情况,审定监理单位报送的监理计划(规划)。

(2)检查监理单位进场人员、设备、工地试验室及驻地建设等是否符合有关要求。

(3)根据监理合同文件要求,审批监理人员及进出场计划。

4)检查施工单位准备工作

(1)督促、检查经监理审批的施工单位质量保证体系、各项管理制度、工程量清单核查、工地试验室建设和取弃土场、施工便道、驻地建设等工作的完成情况。

(2)根据合同文件要求,管理及审批施工单位主要技术及管理人员,并在工程建设过程中不定期进行检查和考评。

5)批准或核查(备案)施工组织设计

核查(备案)经监理单位审批的实施性施工组织设计。批准技术复杂关键性工程的专项施工组织设计(技术方案),必要时组织有关专家进行评审。施工单位施工组织设计和关键性工程专项施工技术方案应经中标企业评审、批准。

6)工地试验室临时资质考核与报备

按照交通运输部《关于进一步加强公路水运工程工地试验室管理工作的意见》(厅质监字〔2009〕183号)和《云南省公路工程工地试验室管理办法》的要求,建设单位应组织相关人员按程序对施工、监理单位工地试验室进行现场考核,经考核合格的工地试验室应按规定报项目质量监督机构备案,并取得质监机构备案通知书;对建设单位单独招标的第三方试验室进行现场审查,审查合格后应及时报请项目质量监督机构进行现场考核,认定其临时资质。同时,建设单位应积极加强外委试验工作管理,对工地试验室必备指标和外委指标应以合同或文件的形式予以明确。

7)办理工程质量监督申请

(1)在完成开工前的各项准备工作之后,建设单位应填写《公路水运工程质量监督申请书》,并按规定分阶段提交下列文件和资料,到质量监督机构办理工程质量监督申请手续。

a.公路水运工程质量监督申请书,包括项目基本概况、建设单位组织机构情况、监理单位人员情况、施工单位主要人员情况等。

b.工程项目审批文件,包括工可批复(核准、备案文件)、初步设计批复、施工图审查批复。

c.工程项目勘察、设计、监理、施工、试验检测、相关设备、主要材料供应等招标文件及合同副本。

d.工程从业单位资质证书复印件,主要设计人员、监理人员、施工单位项目经理、技术负责人、质量自检人员以及各从业单位工地试验检测人员资格证书复印件。

e.工地试验室有关考核结果、备案资料及第三方试验室考核申请。

f.地质水文勘察资料(附验收文件)、施工图纸、监理计划(规划)、监理细则、施工组织设计等。

g.各标段工程概况及主要工程量汇总统计表。

h.交通运输主管部门或质量监督机构要求的其他相关材料。

(2)收到质量监督机构《公路水运工程质量监督通知书》之日起30日内,到交通运输主管部门办理项目施工许可证或备案手续。

8)组织岗前培训

建立岗前培训考核制度,建设单位应针对项目建设特点,组织对项目监理、施工、检测单位的主要技术人员进行岗前培训和业务考核,并督促各相关单位结合自身工作特点和内容开展内部培训,积极强化培训管理。

1.1.2　勘察设计单位

勘察设计单位应建立健全内部质量保证体系,加强设计全过程质量控制,严格按照设计质量管理流程开展工程勘察及设计工作,按合同规定及时提供符合国家法规和工程建设强制性标准的设计文件及施工图纸,确保设计深度和质量,并对工程勘察、设计质量负责。

1)按合同规定及时提供设计文件及施工图纸

(1)勘察、设计单位按资质等级及业务范围承担相应的勘察、设计(含优化设计)任务。

(2)从事建设工程勘察、设计活动时,坚持先勘察、后设计、再施工的原则;应加强总体设计,大力推行设计标准化,设计文件深度应满足国家规定要求。

(3)设计依据的基本资料应完整、准确、可靠,设计方案论证充分,计算成果可靠,并符合结构安全要求;设计文件选用的材料、配件和设备,应注明其性能及技术标准,其质量要求必须符合国家规定的标准,但不得指定生产厂、供应商。

2)做好设计文件交底工作

(1)工程施工前,就审查合格的施工图设计文件,向施工、监理单位详细说明勘察、设计意图,解释勘察、设计文件。

(2)回复图纸会审提出的问题和意见。

3)建立现场设计代表处

(1)正式开工前,在施工现场设立代表处,按照合同约定派驻现场设计代表。

(2)建立健全设计后续服务质量保证体系,完善工作制度,明确责任人。

1.1.3　施工单位

施工单位作为工程质量的责任主体,必须建立施工质量保证体系,推行全面质量管理,制定和完善岗位职责及考核办法;建立工地试验室,加强施工过程质量控制;并对合同约定的工程内容及质量负直接责任。

1)建立质量保证体系

质量保证体系包括质量管理机构组织设置、管理人员配备和岗位责任、质量检查程序和实施细则等。施工单位进场 28 天内,完成承包工程项目质量保证体系文件的编制。质量保证体系文件经中标企业内部审核完善后,报监理单位审批。

2)临时设施建设

施工单位临时设施建设应严格按照《云南省高速公路施工标准化实施要点》的要求及合同约定规范建设。

(1)办公、生活、生产等临时设施开建之前,施工单位根据合同文件要求,结合工程现场实际情况,编制临时设施建设总体规划设计图,报监理单位审核。

(2)临时设施建设总体规划设计图应统一规划项目部、各工区(工点)驻地建设和机械设备停放场、材料堆放场(仓库)、取(弃)土场、预制场、拌和场、便道(桥)等平面布置情况,各站点内功能区(如项目部办公室、食堂、宿舍、道路等)分布情况,各站点之间交通、通信联络方式,提供各功能区布局设计、室内装修情况、上墙图表种类和设施设备的配置情况(如消防器材等)。

(3)临时设施建成后,根据合同约定和工程需要,可以分期、分阶段向监理单位提出验收申请,并报请建设单位验收。

3)工地试验室建设

(1)依据施工合同文件和《云南省公路水运工程工地试验室建设标准》,建立工地试验室。试验人员、仪器设备和试验范围应与招标文件要求和投标文件承诺相一致,并满足工程建设实际需要。

(2)根据现场情况,在重要结构构件施工点或集中拌和场、预制场,可增设若干工地试验室派驻的流动试验站,以满足现场质量控制要求。

(3)工地试验室建设包括试验室人员、办公设施设备进场,工作制度和管理制度制订,工作环境条件建设,试验仪器设备进场、安装调试、标定或自校,各种记录表格和技术规范规程的准备等内容。

(4)工地试验室建成后,填报《工地试验室考核申请书》,按规定程序进行申报。

4)编制施工组织设计

(1)施工组织设计应由项目技术负责人组织编写。在开工前规定的时间内,完成内部自审并经过施工单位技术负责人批准后,填写施工组织设计(方案)报审表,报监理单位审批。

(2)施工单位应按照批准的施工组织设计组织施工。如对其内容作较大变更,在实施前将变更内容书面报监理单位审核。

(3)对规模较大、工艺复杂的工程、群体工程及分期出图的工程,可分阶段报审施工组织设计。技术复杂或采用新技术的分项、分部工程,还应编制该分项、分部工程的施工方案,报监理单位审批。

5)施工测量

(1)控制网复测。复核测量基准点、基准线和水准点,并在合同专用条款约定的时限内,将施工控制网复测成果资料,报监理单位审核确认。

(2)施工放样。施工测量采取"双检制"。放样测量完成后,依据计算成果编制控制方案及施工放样报验单,报监理单位审核确认。

6)人员进场

(1)项目经理、技术负责人等主要技术和管理人员应按合同约定,进驻现场履职。

(2)在收到开工通知起的28天内,向监理单位提交项目部管理机构及人员安排报告。其内容包括管理机构设置、各主要岗位人员名单和资质资历证明材料,以及各工种技术工人的安排计划。

7)机械设备进场

机械设备进场前,列出进场机械设备的型号、规格、数量、技术性能(技术参数)、设备状况和进场时间,报监理单位核查确认。

8)材料进场

凡运到施工现场的原材料,及时依据合同技术条款、材料批次划分和试验检测频率要求,由工地试验室对材料主要技术指标进行检测。经检测合格后,填报进场材料报审表,说明报验材料的进场日期、数量、批次检测报告成果和检验结论以及材料拟订用途等,同时附产品出厂合格证及技术说明书,报监理单位审核确认。

9)工程分包

初步选定分包单位后,向监理单位提交分包单位资质报审表。

10)熟悉图纸

熟悉图纸工作一般由施工单位自行组织。施工单位记录熟悉图纸过程中所发现的各项问题,提出对存在问题的建议方案,汇总整理形成问题清单,报监理单位审核。

11)试验准备

(1)标准试验。在分项工程开工前或合理的时间内,施工单位完成招标文件技术规范中明确的各种标准试验,并报监理单位审查批复。

(2)工艺试验。

a.编制工艺试验及首件工程的施工方案和实施细则,报监理单位审查批准。

b.依据批准的施工方案组织实施。

c.提交工艺试验总结报告,报监理单位审核批准。

(3)外委试验。

a.外委试验前,将委托试验检测单位资质材料及所需送检项目的清单,按规定报监理单位审核批准。

b.试验取样在监理人员见证下进行。密封的试样由施工单位委派的试验人员会同监理见证人员,共同送达委托试验检测单位。

c.外委试验检测报告一式三份,施工单位、监理单位和项目中心试验室各存一份。

12)技术交底

(1)按照"三级交底"的要求,建立健全技术交底制度,实现分级管理。

(2)技术交底工作应由项目技术负责人负总责。

(3)对于关键部位、施工难度大及技术复杂的工序,在分项工程开工之前,技术交底书(或作业指导书)报监理单位审查批准。

13)申请开工

(1)划分单位、分部、分项工程,报监理单位审查批准。

(2)根据施工总体计划安排和工程划分情况,分阶段编制开工报告,申请合同段、单位、分部、分项工程开工。

1.1.4　监理单位

工程监理单位必须严格履行合同,严格遵守监理规程,认真履行监理职责,建立监理质量控制体系,细化现场管理责任;并对承担监理的工程内容及质量负监理责任。

1)编制审核监理计划(规划)和监理实施细则

(1)根据监理委托合同,在监理大纲基础上,结合工程具体情况,由总监理工程师组织制订监理计划(规划)。

(2)监理计划(规划)的编制和报审手续应在工程开工前完成。监理单位对监理计划(规划)要组织进行内部审核,并经企业技术负责人签认后,报送建设单位审查、批准后执行。

(3)根据批准的监理计划(规划),各现场监理机构应组织编制监理实施细则,并报请总监理工程师批准后执行。

2)质量保证体系建设

(1)建立监理质量保证体系。

监理质量保证体系应包括机构设置、人员配备、岗位职责、工作制度、监理程序、监理方案、监理手段及监理方法等内容。并按照监理计划(规划)和监理实施细则的要求进行报审。

(2)审批施工单位质量保证体系。

审核的主要内容:

a.项目部质量管理组织机构设置是否合理,岗位职责是否明确,管理制度是否健全。

b.质量保证措施、质量检查程序和实施细则等是否结合工程特点,具有针对性并切实可行。

c.配备的专职质量检查人员(质检工程师、质检员)数量和资质、资历是否符合合同文件和实际施工需要。

d.用于质量控制的试验检测仪器设备数量、性能是否符合合同文件和实际施工需要。

3)临时设施建设

(1)监理驻地建设。

a.根据监理合同文件和云南省交通运输厅《云南省高速公路施工标准化实施要点》要求,进行驻地建设。

b.驻地建设完成后,报建设单位验收。

(2)验收施工单位临时设施建设。

a.审核总体平面图,核查各站点建设与合同文件、标准化建设要求的符合性,上墙图表的数量和规范性等。

b.审批施工单位临时设施建设计划并监督实施。

c.依据施工单位提出的验收申请,会同建设单位,分期、分阶段检查验收已完成的临时设施。

4)工地试验室

(1)监理工地试验室建设。

a.依据监理合同文件和云南省公路水运工程工地试验室建设标准,建立工地试验室。试验人员、仪器设备和试验范围应与招标文件要求和投标文件承诺相一致,并满足工程建设实际需要。

b.工地试验室建设完成后,按规定报建设单位考核。

(2)初审施工单位工地试验室。

a.收到施工单位提交的工地试验室试验检测能力认定申请书后,组织现场核查。

b.对于符合要求的工地试验室,签署检查确认意见,报建设单位审核;对于不符合要求的,签发限期整改指令。

5)图纸会审

在熟悉图纸的基础上,结合施工单位报送的图纸问题清单,组织进行图纸会审,形成审查意见,报送总监理工程师及建设单位。

6)审核施工组织设计

(1)在规定的时间内,组织专业监理工程师审查施工组织设计。提出审查意见后,报总监理工程师审核签认。需要施工单位修改时,由总监理工程师签发书面意见。施工单位完成修改后,再重新进行审核。

(2)经总监理工程师审核签认的施工组织设计,报建设单位批准或备案。

(3)规模较大、结构复杂或属于新结构、特殊结构的工程,应报请建设单位组织有关专家进行评审。

7)测量复核

测量复核工作由测量监理工程师按以下要求负责完成:

(1)核查施工单位复测过程及复测成果精度是否满足设计、规范要求。

(2)核查控制网点的布设密度是否方便施工测量。

(3)重点核查相邻合同段、相邻项目以及桥梁、隧道等大型结构物起讫点之间施工控制网点的衔接关系。

(4)复核施工单位施工放样测量成果,依据抽检测量数据签认或否决施工放样报验单。签认的施工放样报验单,作为批准分项工程开工的必要条件。

(5)施工成品的测量结果,作为质量验收的基本数据,纳入分项、分部工程质量检验评定。

8)审核项目部人员

(1)审核项目部主要管理人员是否和投标文件承诺一致。如果不一致,按规定报建设单位审查批准。

(2)检查重要岗位的一线技术人员(如试验员、质检员、测量员等)的专项业务考试或技能培训考核情况。

(3)检查特殊岗位工作人员的持证上岗情况。

9)核查进场机械设备

(1)核查施工机械设备的配置数量是否满足施工要求。依据合同文件,对拖延、短缺或任意更换机械设备进场的行为,签发整改指令,必要时依据相应条款进行处罚。

(2)现场复验(如开动、行走等)大型、重要施工机械设备的使用性能,以保证投入作业的机械设备状态良好。

(3)核查塔吊、轨道式龙门吊、悬浇施工挂篮、架桥机、混凝土拌和楼等特种设备安装调试情况,其安全鉴定、审批或进场验收手续符合要求后,方能同意使用。

10)检验进场材料质量

(1)收到进场材料报审表后,现场核对报验材料的进场日期、数量和材料拟订用途,复核检测报告、检验频率的符合性,产品出厂合格证及技术说明书的齐全性。

(2)对报验的进场材料,按不低于规范要求的抽检频率进行独立取样试验。依据检验结果判定进场材料质量是否合格,签认或否决进场材料报审表。

(3)合格的进场材料在保管存放过程中,要从防潮、防晒、防锈、防腐蚀、通风、隔热以及湿度、温度等方面进行监控,督促施工单位改善材料保管存放条件。

(4)签认的进场材料报审表,作为批准分项工程开工的必要条件之一。

11)审核工程分包

(1)核查总承包合同是否允许分包,分包的范围和工程部位是否可以进行分包;核查分包单位资质和质量管理水平、特殊专业工种和关键施工工艺或新技术、新材料应用方面操作者的素质与能力。

(2)不符合分包条件的,不予批准;基本符合分包条件的,需对分包单位进一步调查,根据调查结果签署意见,再报经建设单位核准后,由总监理工程师予以书面确认。

12)试验复核

(1)标准试验复核。

对施工单位报送的标准试验结果,组织试验工程师进行平行复核(对比)试验。根据复核试验成果,确认或否定施工单位标准试验的参数或指标。经复核验证,各项指标达到合同要求后,批准标准试验成果,同意施工单位将其用于施工生产。

(2)工艺试验认可。

a.依据施工单位准备情况,审批工艺试验施工方案和实施细则,同意进行工艺试验施工。

b.全过程旁站工艺试验,同步记录施工情况,检测试验结果。

c.依据检验结果审核确认工艺方案,并以此为控制标准。

(3)外委试验申请审核。

a.审核施工单位外委试验申请,核对委托单位资质情况以及试验检测范围的符合性,核准施工单位报送项目清单。

b.见证取样并共同将试样送到外委试验单位。

(4)独立抽检试验。

a.监理独立抽检试验,由监理单位试验人员按规范规定的抽检频率取样或制备试块,利用监理工地试验室独立检测完成。

b.独立抽检试验频率、试验方法和检测项目(指标)等,按监理合同规定执行,并要满足有关检验评定标准、规范和规程的要求。

13)审批开工报告

(1)审查批准单位、分部、分项工程划分。

(2)依据监理合同授权和监理计划(规划)的职责划分,进行合同段、单位、分部、分项工程开工申请的审核和批复。

(3)对开工报告的审核,主要审查施工单位人员、机械设备、材料的进场情况,施工方案审批情况,测量放样情况,标准试验符合情况,工艺试验总结批复情况等。满足开工条件的,签认开工报告,批准工程开工。

1.1.5 试验检测单位

试验检测数据是指导工程施工生产和质量管控的基础,检测单位必须严格履行合同,积极加强对授权工地试验室的管理和指导，根据工程管理需要或合同文件要求，合理配备工地试验室试验检测人员和仪器设备，并对工地试验室试验检测结果的真实性和准确性负责。

1）建工地试验室

（1）按照交通运输部《关于进一步加强公路水运工程工地试验室管理工作的意见》（厅质监字〔2009〕183 号）和《云南省公路工程工地试验室管理办法》的要求及合同约定，对工地试验室进行授权，发送“公路水运工程工地试验室设立授权书”，明确可开展的试验检测项目和参数、授权负责人、授权工地试验室公章、授权期限等内容。

（2）按照《云南省公路工程工地试验室建设标准》及合同约定，组织开展工地试验室建设工作，按合同配备试验人员和仪器设备，并按母体试验室管理要求合同规定创造良好的办公条件、试验环境条件，完善各类管理制度及记录表格等。

2）开展评审及申报

（1）对已组建的工地试验室试验人员、仪器设备、环境条件及试验检测能力是否满足授权要求进行内部评审。

（2）评审通过后及时提请监理单位审查，并在监理单位审查合格的基础上，向建设单位提出现场考核申请。

1.2　施工阶段

1.2.1　建设单位

1）组织质量责任人登记工作

按照交通运输部《关于严格落实公路工程质量责任制的若干意见》（交公路发〔2008〕116 号）及《云南省公路工程质量责任人档案管理制度》的要求，认真组织开展从业单位工程质量责任人档案登记工作。

（1）指定专人具体负责工程质量责任人档案管理工作。

（2）组织各从业单位开展工程质量责任人登记工作，填报《工程质量责任登记表》。

（3）审查、审批施工、监理、检测等单位《工程质量责任登记表》，组织电子档案申报；积极强化工程质量责任人档案管理工作，严格审查和变更，如从业单位和责任人发生变更，应及时办理工程质量责任人变更手续。

（4）收集、整理建设单位《工程质量责任登记表》及《各从业单位工程质量责任登记汇总表》，报质量监督机构审核。

2）对重大设备和工程原材料采购的质量管理

（1）督促工程施工单位机械设备按要求到位。

（2）审核对工程质量有重大影响的施工机械设备的技术性能报告。

（3）审查原材料采购各项指标和质量保证资料，按规范要求组织抽检。

3）合同履约管理

依据合同文件，不定期组织对各参建单位合同履约情况进行检查，规范合同管理。

4)工程变更管理

(1)在不降低工程技术标准、使用功能和工程质量的前提下,按规定审批项目参建单位提出的合理变更及优化设计方案。

(2)根据工程变更等级,按规定程序进行报审报批,经审查批准的工程变更方可实施。

(3)建立工程变更管理台账,定期对变更情况进行汇总,每半年将汇总情况报质量监督机构备案。

5)组织开展质量检查

(1)建立定期质量检查、不定期质量抽查和巡查制度。

(2)重点检查内容:试验检测工作,标准化和精细化管理措施落实,质量通病治理,施工技术方案执行,工序检查验收程序管理,材料进场管理,重要隐蔽工程、涉及结构安全及耐久性的重点部位、关键工序的质量控制等。

(3)对检查发现的问题,督促相关单位限期整改,直至合格。检查结果作为质量评比、奖罚、信用评价的依据。

6)组织召开工程质量例会和质量培训

(1)定期召开工程质量会议和不定期召开质量专题会、现场观摩会,通报检查情况,分析处理质量管理中存在的问题,总结推广好的管理经验。

(2)组织开展技术规范、技术方案、管理制度、工艺细则等专项培训工作。

7)处理质量问题和质量事故

发生质量问题和质量事故后,按照交通运输主管部门的有关规定,及时上报和进行现场处置;根据职责权限,组织、参与或配合调查处理的相关工作。

8)及时报送各类质量信息

按交通运输主管部门和质量监督机构要求,报送工程质量有关文件和报表。

9)组织单位工程中间交工验收

(1)核查单位工程中间交工验收申请资料及监理单位审查意见。

(2)对符合验收条件的,组织中间交工验收。

10)配合交通运输主管部门质量督查

(1)主动接受交通运输主管部门及质量监督机构的监督管理,配合质量监督抽检工作。

(2)对于存在的质量问题,及时督促有关单位整改到位。整改结果书面报送检查部门核查备案。

11)开展信用评价工作

按照交通运输主管部门有关要求,及时组织开展对项目参建单位的信用评价。

12)积极推行管理创新

加快推进现代工程管理,以"五化"(发展理念人本化、项目管理专业化、工程施工标准化、管理手段信息化、日常管理精细化)建设为抓手,不断转变公路发展方式,全面提高云南省公路建设管理水平。结合项目建设实际,积极推广新理念、新技术、新材料、新工艺、新设备的应用,大力推行管理及技术创新,狠抓第三方试验检测制、材料准入制、首件工程认可制、四方联合验收制(重要隐蔽工程)、路面咨询制、交通工程过程监控制等管理制度的落实;以设备保工艺,以工艺保质量,加快预应力智能张拉、管道注浆智能控制等先进施工工艺的推广应用。

1.2.2　设计单位

1)做好设计后续服务

(1)工程实施过程中,现场设计代表应随时掌握施工现场情况,解决设计有关问题,及时、规范、合理、高效地提供设计后续服务。

(2)主动接受并积极配合质量监督机构的监督检查。

(3)在工程实施过程中,根据工程建设规模,结合工程进度,一般要组织 1~2 次综合检查,主要核对施工质量是否符合设计要求、查找并处理设计中存在的问题,检查情况报送建设单位和质量监督机构。

(4)建立设计后续服务各类台账和档案。

2)处理设计变更

(1)已批准的工程设计,原则上不得变更。确需设计变更的,应按照工程设计变更管理办法的规定履行审批手续。

(2)根据工程实际,及时按规定完成变更设计。

(3)建立工程设计变更台账,每月对设计变更情况进行汇总,报送建设单位。

3)过程质量管理

(1)对于重要隐蔽工程、涉及结构安全及耐久性的重点部位和关键工序,参与其过程检查与验收。

(2)参加单位工程中间交工验收。

(3)参与大型桥梁、隧道等重要工程施工方案的审查。

(4)参加项目技术质量管理有关工作会议。

(5)协助处理施工过程中出现的质量问题。

4)实行动态设计

(1)加强建设过程中设计与施工的配合衔接。如:路基边坡开挖后,设计单位要根据实际地质情况,优化边坡坡度、边坡防护、绿化与排水方案;隧道进洞后,要根据实际地质围岩情况,细化支护方案,认真做好动态设计。

(2)根据项目具体情况,定期有针对性地发布质量预警和质量动态信息。

(3)随着工程项目的展开,当施工环境、地质、水文条件等设计基础资料发生变化时,及时进行补充、修改和优化设计。

5)分析质量事故

参与工程质量事故分析和处理工作,并对因设计造成的质量事故,提出相应的技术处理方案。

1.2.3　施工单位

1)工序检验

(1)施工单位必须建立健全施工质量检验制度,严格工序管理。每道工序完工后,施工班组应按照“三检”制进行工序自检,项目部应在班组自检基础上进行施工自检,自检合格后应及时整理资料并报监理单位审核。

(2)工序检查应依据施工技术规范、《公路工程质量检验评定标准　第一册　土建工程》(JTG F80/1—2004)、《公路工程质量检验评定标准　第二册　机电工程》(JTG F80/2—2004)、《云南省公路机电工程质量检验评定》(DB53/T 446—2012)、《水运工程质量检验标准》(JTS 257—2008)、交通运输主管部门批准的项目专项质量检验评定标准(以下统称质量验评标准)等规定的项目进行。

(3)工序施工原始记录、测量记录、试验数据等必须齐全、完整、真实、准确、规范。

(4)针对支架现浇等涉及结构安全和耐久性的关键工序,要制订专项验收方案,报监理单位审批后组织实施。

2)隐蔽工程报验

(1)隐蔽工程施工完毕,先进行自检,自检合格后,填写检验申请批复单,附上相应的工程检查记录及有关材料证明、试验报告、复试报告等,报监理单位审核。

(2)重要隐蔽工程施工要进行摄像和照相,并保证监理单位有充分便利条件对其进行检查和检测。

(3)重要隐蔽工程项目内容,依据施工合同文件和监理计划(规划)的具体规定执行。

3)分项工程中间交工自检

(1)分项工程施工完成后,依据质量验评标准规定,进行分项工程质量检验评定;汇总完整的施工原始记录、试验数据、分项工程自查数据等质量保证资料,报监理单位申请验收。

(2)经监理单位验收合格后,进行下一分项工程施工;验收不合格的,依据监理单位验收意见完成整改,重新报验。

4)分部工程中间交工自检

(1)分部工程所属全部分项工程完成后,汇总分项工程质量保证资料,按照质量验评标准的评分方法,计算分部工程评定值,确定评定等级,形成分部工程交验申请报告,报监理单位申请验收。

(2)经监理单位验收合格后,进行下一分部工程施工;验收不合格的,依据监理单位验收意见完成整改,重新报验。

5)申报工程变更

(1)工程变更事件提出后,施工单位参与变更事件的商讨、洽谈过程,通过签认工程变更联系单的形式,记录变更事件的最终商定结果和处理方式。

(2)依据工程变更联系单的商谈结论或变更设计图纸,实施变更工程。工程施工完成并经自检合格后,按照报验程序向监理单位报验。

(3)依据验收合格报告和经监理单位复核签认的工程量,填写工程变更申报单,报监理单位审核。

(4)当工程变更存在无法依据合同条款规定直接引用或套用工程量清单单价的项目时,应在工程变更申报前,先依据投标文件的组价水平,对此类项目进行估价并逐级报审。

(5)工程变更事件确定后,按变更工程量和造价编制工程变更台账,并及时将相关数据在各类工程统计、计划报表中进行更新。

6)工程质量问题和质量事故处理

(1)工程质量问题处理。

a.出现工程质量问题后,依据监理指令要求,编制质量问题调查报告,提出处理方案,并填报监理指令回复单,报监理单位审批。

b.依据审核批准的处理方案,对存在质量问题的工程进行加固补强或返修、返工处理;自检合格后,报监理单位验收。

c.总结分析质量问题发生的原因,提出预防措施,经批准同意后方可复工。

(2)工程质量事故处理。

a.发生工程质量事故后,依据工程暂停令要求,停止施工,并采取必要措施,防止事故扩大,保护好现场。

b.按规定向上级主管部门报告。

c.积极协助事故调查组开展工作,客观提供事故调查所需证据。

d.依据核签后的技术处理方案制订施工方案,报监理单位审批。

e.依据批准的施工方案,组织技术处理施工;完工自检合格后,向监理单位报验。

f.总结质量事故处理过程,编写工程质量事故处理报告,报监理单位审核。

7)工程质量检验评定

(1)分项工程完成后,进行分项工程质量检验评定。依据现场检测数据,填写质量评定表的检查项目,计算分项工程评分值,作为分项工程中间交工报验资料的组成部分。

(2)分部工程完成后,汇总分部工程所属各分项工程质量评定表,填写分部工程质量评定表,计算分部工程评分值,作为分部工程中间交工报验资料的组成部分。

(3)单位工程完成后,汇总单位工程所属各分部工程质量评定表,填写单位工程质量评定表,计算单位工程评分值,作为单位工程交工验收报验资料的组成部分。

1.2.4 监理单位

1)工序质量签认

(1)审核检验申请批复单,组织工序检验。工序检验由专业监理工程师负责。

(2)经检验合格,专业监理工程师签认检验申请批复单,批准进行下道工序施工。对检验结果为不合格的工序,签署整改意见,督促施工单位进行缺陷修补或返工处理,直至合格为止。

(3)上道工序未经检查认可,下道工序不得进行施工。

(4)针对支架现浇等涉及结构安全和耐久性的关键工序,组织专项检查验收。

2)隐蔽工程验收

(1)收到报验申请后,首先对质量证明资料进行审查,并在合同约定的时间内,到现场检查(检测或核查)。重要隐蔽工程的验收,应通知建设单位和设计单位代表参加。

(2)检查结果符合质量要求的,监理单位在检验申请批复单及工程检查记录上签字确认,准予施工单位隐蔽、覆盖,进入下一道工序施工。

(3)检查结果不合格的,签发监理指令,明确不合格项目,督促施工单位整改;整改完成并经自检合格后,重新组织复查。

3)分项工程中间交工验收

(1)审核施工单位提交的质量保证资料和评定资料,确认资料齐全后,组织监理、施工人员(如专业监理工程师、项目部技术负责人、质检工程师以及测量、试验人员)按质量验评标准规定的内容和方法,现场检测工程实体质量。

(2)根据验收检测结果和施工过程中独立抽检的试验数据,评定分项工程质量等级。经评定合格的,签发分项工程中间交工证书;评定不合格的,签发监理指令,明确对验收工程的处理意见,并督促施工单位限期整改。

4)分部工程中间交工验收

(1)审核分部工程交验申请报告的真实性、规范性、系统性和完整性,整理完成所属分项工程的监理资料。

(2)总监理工程师负责组织分部工程中间交工验收。

(3)根据验收检测结果和工程监理资料评定分部工程质量等级。经评定合格的,签发分部工程中间交工证书;评定不合格的,签发监理指令,明确对验收工程的处理意见,并督促施工单位限期整改。

5)审查单位工程中间交工验收申请

(1)审查单位工程交验申请报告和质量保证资料,并整理完成监理资料,提出审查意见,报总监理工程师审核。

(2)经总监理工程师审核同意后,报请建设单位组织验收。

(3)根据验收检测结果和工程监理资料评定单位工程质量等级。经评定合格的,由总监理工程师签发单位工程中间交工证书;评定不合格的,签发监理指令,明确对验收工程的处理意见,并督促施工单位限期整改。

6)工程变更审核

(1)收集有关工程变更的基础资料,组织工程变更协调会议,签认工程变更联系单。

(2)对变更工程组织验收,确认变更工程量。

(3)审核变更工程单价,报建设单位审批。

(4)审核工程变更申报单,填写工程变更审批表,依据职责权限,批准工程变更或在工程变更审批表上签署审核意见,报上级管理部门审批。

(5)依据工程变更审批结果,由总监理工程师签发工程变更令。

(6)依据合同条款规定,计量变更工程。

7)工程质量问题和质量事故处理

(1)工程质量问题处理。

a.出现质量问题后,监理单位及时签发监理指令,要求施工单位分析问题,编制质量问题调查报告,提出处理方案。

b.组织工地会议,审查、确认施工单位质量问题处理方案。

c.指令施工单位按批准的处理方案实施处理,并全过程跟踪检查。

d.组织对处理结果进行检测、鉴定或验收,编写质量问题处理报告。

(2)工程质量事故处理。

a.发生工程质量事故后,总监理工程师应签发工程暂停令。指令施工单位停止施工,并采取必要措施,防止事故扩大,保护好现场。

b.参与或协助事故调查组开展工作。

c.会同相关单位研究质量事故调查组提出的技术处理意见,依据职责权限,组织对设计单位完成的技术处理方案进行审查、确认。

d.审批施工单位制订的施工方案,必要时编制监理实施细则,对技术处理过程中的关键部位和关键工序进行旁站。

e.审核施工单位自检报告,按规定组织对事故技术处理施工进行检查验收或鉴定。

f.总结分析事故处理情况,审核签认工程质量事故处理报告,报上级管理部门。

g.签发工程复工令,恢复正常施工。

1.2.5　检测单位

(1)工地试验室应在母体机构授权的范围内,为工程建设项目提供试验检测服务,不得对外承揽试验检测业务。

(2)工地试验室应按照母体机构质量管理体系的要求,建立完整的试验检测人员档案、仪器设备管理档案和试验检测业务档案,严格按照试验规程操作。

(3)工地试验室授权负责人应对工地试验室运行管理工作和试验检测活动全面负责;并确保试验人员、设备、环境以及流程、样品管理、试验操作等符合规范要求。

(4)严格按照国家和行业标准、规范、规程以及合同约定独立开展试验检测工作,保证试验检测数据客观、公正、准确。

(5)第三方试验检测机构,应按照规定建立检测方案、检测报告评审制度,定期报告试验检测情况;建立完善不合格品报告制度,及时掌握、跟踪质量问题处理情况。

1.3　交(竣)工验收阶段

1.3.1　建设单位

1)组织工程交工验收

(1)工程交工验收由建设单位负责。

(2)各合同段设计、施工、监理等单位参加交工验收工作。路基工程作为单独合同段进行交工验收时,邀请路面施工单位参加。

(3)拟交付使用的工程,邀请运营、养护管理等相关单位参加。

(4)交通运输主管部门、公路水运管理机构、质量监督机构视情况参加交工验收。

2)交工验收条件

(1)合同约定的各项内容已全部完成,各方就合同变更的内容达成书面一致意见。

(2)施工单位按工程质量验评标准及相关规定对工程质量自检合格。

(3)监理单位对工程质量评定合格。

(4)质量监督机构组织对工程质量进行检测,并出具检测意见。检测意见中需整改的问题已经处理完毕。

(5)按档案管理有关要求,完成文件资料收集、整理及归档工作。

(6)施工单位、监理单位完成本合同段的工作总结报告。

3)交工验收程序

(1)施工单位完成合同约定的全部工程内容,且经施工自检和监理检验评定合格后,提出合同段交工验收申请及有关资料,报监理单位审查。

(2)监理单位根据工程实际情况、抽检资料以及合同段工程质量评定结果,对施工单位交工验收申请及其所附资料进行审查并签署意见。监理单位审查同意后,向建设单位提交独立抽检资料、质量评定资料和监理工作报告。

(3)建设单位对施工单位的交工验收申请、监理单位的质量评定资料进行核查,必要时可委托有相应资质的检测机构进行重点抽查检测,认为合同段满足交工验收条件时组织交工验收。

(4)对若干合同段完工时间相近的,建设单位可合并组织交工验收;对分期试运营的项目,建设单位可按合同约定分期组织交工验收。

(5)通过交工验收的合同段,建设单位颁发工程交工验收证书。

(6)各合同段全部验收合格后,建设单位完成工程交工验收报告,报备交通运输主管部门及质量监督机构。

4)交工验收主要内容

(1)检查合同执行情况。

(2)检查施工自检报告、施工总结报告及施工资料。

(3)检查监理单位独立抽检资料、监理工作报告及质量评定资料。

(4)检查工程实体,审查有关资料,包括主要产品的质量抽(检)测报告。

(5)核查工程完工数量是否与批准的设计文件相符,是否与工程计量数量一致。

(6)对合同是否全面执行、工程质量是否合格作出结论。

(7)按合同段分别对设计、监理、施工等单位进行初步评价。

5)交工验收评定

(1)工程各合同段交工验收结束后,由建设单位对整个工程项目进行工程质量评定,工程-质量评分采用各合同段工程质量评分的加权平均值。

(2)交工验收工程质量等级评定分为合格和不合格。交工验收不合格的工程应返工整改,直至合格。

(3)交工验收提出的质量缺陷等遗留问题,由建设单位责成施工单位限期完成整改。

6)缺陷责任期管理

(1)督促检查施工单位完成工程缺陷修复。

(2)定期组织检查。对检查中发现的问题,限期整改,并建立缺陷责任修复台账。

(3)组织对缺陷修复工程进行验收。

7)竣工验收准备

(1)交工验收提出的工程质量缺陷等遗留问题已全部处理完毕,经验收合格。

(2)工程决算编制完成,竣工决算已经审计,并经交通运输主管部门或其授权单位认定。

(3)竣工文件已完成工程项目文件归档范围的全部内容。

(4)档案、环保等单项验收合格,土地使用手续已办理。

(5)各参建单位完成工作总结报告。

8)提出竣工验收申请

(1)公路水运工程符合竣工验收条件后,建设单位按照工程管理权限,及时向相关交通运输主管部门提出验收申请。其主要内容包括:

a.交工验收报告。

b.项目执行报告、设计工作报告、施工总结报告和监理工作报告。

c.项目基本建设程序的有关批复文件。

d.档案、环保等单项验收意见。

e.土地使用证或建设用地批复文件。

f.竣工决算的核备意见、审计报告及认定意见。

(2)相关交通运输主管部门对验收申请进行审查,必要时可组织现场核查。审查同意后报负责竣工验收的交通运输主管部门。

(3)符合竣工验收条件的项目,由负责竣工验收的交通运输主管部门通知所属的质量监督机构开展质量鉴定工作。

9)配合竣工验收工作

(1)协助配合做好工程质量竣工复测工作。

(2)建设单位负责提交项目执行报告及验收工作所需资料,组织项目设计、施工、监理、接管养护等单位代表参加竣工验收工作,协助竣工验收委员会开展工作。

(3)建设项目设计、施工、监理、接管养护等有多家单位的,建设单位应组织汇总设计工作报告、施工总结报告、监理工作报告、项目使用情况报告,竣工验收时选派代表向竣工验收委员会汇报。

(4)各项准备工作完成后,适时组织进行预验收。

1.3.2　设计单位

1)参加交工验收

(1)检查已完成的工程是否与设计相符,是否满足设计要求。

(2)参加交工验收工作。

2)配合竣工验收

(1)对工程质量组织全面复查和评价,并编写质量评价报告,报送建设单位和质量监督机构。

(2)完成项目设计工作报告。

(3)参加竣工验收工作,配合竣工验收检查。

1.3.3　施工单位

1)配合交工验收

(1)施工单位完成合同约定的各项工程或工作。

(2)依据质量验评标准等相关规定对工程质量自检合格。

(3)按规定完成交工验收文件编制。

(4)完成项目交工验收施工总结。

(5)填写合同段工程交工验收申请,提交监理单位审核。

(6)配合、协助交工质量检测,参加交工验收会议。

2)修复工程缺陷

(1)完成交工证书中注明的未完成工作及工程缺陷的修复、监理指令的修补工作。

(2)工作完成经自检合格后,报监理单位核验。

(3)工程使用过程中产生的新缺陷以及已修复的缺陷又遭损坏的,施工单位负责修复,直至合格为止。

(4)缺陷责任期自实际交工日期起计算。交工验收合格的工程,实际交工日期以最终提交交工验收申请报告的日期为准。

3)配合竣工验收

(1)施工单位完成交工验收遗留问题处理,并报经监理单位验收合格。

(2)按规定完成竣工验收文件编制。

(3)参加、协助档案、环保等单项验收,在规定时限内完成存在问题的整改。

(4)完成项目竣工验收施工总结。

(5)配合、协助竣工验收工作,应邀参加竣工验收会议。

4)保修责任

(1)保修期自实际交工日期起计算,具体期限在项目合同专用条款数据表中约定。

(2)保修期与缺陷责任期重叠期间内,施工单位保修责任等同缺陷责任。

(3)在缺陷责任期满后的保修期内,对施工质量原因造成的损坏自费进行修复。

(4)提前验收合格的单位工程,其保修期的起算日期相应提前。

1.3.4 监理单位

1)配合交工验收

(1)依据质量验评标准及相关规定要求,利用独立抽检资料对工程质量检验评定合格,组织进行预验收。

(2)按规定完成交工验收文件编制。

(3)完成监理工作总结及水土保持环保工作评价报告。

(4)审核施工单位交工验收申请,签署意见后报建设单位。

(5)配合、协助交工质量检测,参加交工验收会议。

2)缺陷责任期监理

(1)监理缺陷工程施工过程。

(2)确认缺陷工程修复结果。缺陷工程施工质量检查验收合格后,在约定的缺陷责任期终止后 14 日内,签认缺陷责任终止证书,终止施工单位工程缺陷责任。

3)配合竣工验收

(1)督促施工单位完成交工遗留问题处理,并进行验收。

(2)按工程交(竣)工验收办法规定的内容完成竣工文件编制。

(3)参加、协助档案、环保等单项验收,并在规定的时限内完成存在问题的整改。

(4)完成监理工程的监理总结。

(5)配合、协助竣工验收各项工作,应邀参加竣工验收会议。

4)保修责任监理

(1)工程保修期终止后 28 日内,签发保修期终止证书,终止施工单位工程保修责任。

(2)不履行保修义务和责任的施工单位,按合同条款承担相应违约责任。

(3)将存在违约失信行为的施工单位,报告建设单位和质量监督机构。

1.3.5　检测单位

检测单位应对项目建设过程中发现的重大问题进行跟踪,补充完善相关复检、复测资料,并对工程质量是否合格做出结论。

第2章 公路工程项目质量监督管理程序及基本要求

按照《建设工程质量管理条例》、《公路工程质量管理办法》及《公路工程质量监督规定》,公路工程质量实行工程质量监督管理制度。凡新建、改建的公路工程项目,均应由相应交通运输主管部门对工程质量进行监督管理,也可由其授权或委托的工程质量监督机构具体负责实施。

其中,省交通运输行政主管部门负责对全省公路建设工程进行监督管理,州(市)人民政府交通行政主管部门负责对本行政区域内公路建设工程进行监督管理。工程质量监督机构应当根据交通主管部门的授权或委托依法实施工程质量监督,并对监督工作质量负责。

2.1 施工准备阶段

1)成立项目质量监督组

工程质量监督机构根据授权或委托,及时组建项目质量监督组,明确项目质量监督责任人。

2)项目质量监督申请

公路工程项目建设单位在办理施工许可或者报备开工报告前,应依法向项目质量监督机构申请工程质量监督,办理建设工程质量监督手续。

(1)建设单位应当在完成开工前各项准备工作之后,办理施工许可或者报备开工报告30日前申请办理质量监督手续。

(2)建设单位在向质量监督机构提交《工程质量监督申请书》时,应按1.1.1第7)条规定分阶段提交相关资料。

(3)工程建设过程中,建设单位应当将现场施工、监理单位以及监理人员、主要施工技术人员变化情况及时形成书面材料提交质量监督机构。

3)质量监督申请受理

(1)收到建设单位提交的质量监督申请后,项目质量监督组应对申请资料的完整性、符合性进行初步审查,符合要求的,当场办理质量监督登记手续;不符合要求的,不予登记。

(2)自办理质量监督登记手续之日起20日内,项目质量监督组应组织对所收到的项目质量监督申请进行审查,并根据审查情况,对符合基本建设程序的公路工程项目下发《建设项目质量监督通知书》,其内容应包含监督内容、监督重点、监督方式、监督检查计划等。

对不符合基本建设程序的项目,下发《工程质量监督申请不予受理告知单》,告知申请人不予受理的原因,并责令建设单位整改,待整改结果符合办理监督申请要求后,建设单位可重新提出工程质量监督申请。

4)工地试验室资质备案与考核

(1)办理项目质量监督申请时,建设单位应按要求提交施工、监理单位工地试验室《公路水运工程工地试验室备案登记表》和考核评审资料;提交中心试验室及第三方检测试验室《工地试验室现场考核申请书》。

(2)开展建设项目试验检测专项检查。现场抽查、核实施工、监理单位工地试验室考核评审情况,组织中心试验室和第三方检测试验室现场考核;并根据核查及考核情况,对施工、监理单位工地试验室进行备案登记,对考核合格的中心试验室及第三方检测试验室下发《公路水运工程工地试验室备案通知书》。

(3)建设单位应根据质监机构下发的《公路水运工程工地试验室备案通知书》,制作工地试验室临时资质证书,并下发各工地试验室。

5)组织项目质量监督交底

(1)办理监督手续后,质量监督机构或项目质量监督组应按《监督工作计划》要求组织召开质量监督交底会议,并要求项目建设、设计、施工、监理、试验检测等从业单位的技术及管理人员参加。

(2)监督交底应包括一般应包括以下内容:工程项目建设质量管理指南、安全生产管理指南和项目质量监督工作计划等内容。

2.2　施工阶段

1)工程质量责任人档案核备

(1)项目质量监督组应严格落实《云南省公路工程质量责任人档案管理制度》有关规定,督促建设项目各从业单位和相关负责人对所承担的工程进行质量责任登记。

(2)项目质量监督组应组织对《建设单位程质量责任登记表》及《从业单位工程质量责任登记汇总表》进行审查、备案。

2)开展监督检查

(1)建设项目实施过程中,项目质量监督机构应根据监督工作计划,采取综合督查、专项督查、巡视督查等方式,对从业单位质量管理行为、施工工艺、工程实体质量等进行监督检查。主要包括以下内容:

a.工程质量管理的法律、法规、规章、技术标准和规范的执行情况。

b.从业单位的质量保证体系及其运转情况。

c.勘察、设计质量情况,工程质量情况,使用的材料、设备质量情况。

d.工程试验检测工作情况。

e.工程质量资料的真实性、完整性、规范性、合法性情况。

f.从业单位在工程实施过程中的质量管理行为。

(2)对督查中发现的问题,现场提出整改要求,并在督查结束后10日内,对综合督查、专项督查结果向项目业主发送工程质量督查通报;同时,应根据各相关单位存在的具体问题下发检查意见通知书。

(3)一般质量管理问题和一般质量缺陷,要求限期整改;对不合格工程,责令限期返修;

存在问题的单位按要求进行整改、返修,并及时提交书面整改报告。质量监督机构对质量问题的整改落实情况实行跟踪复查,对严重质量问题的整改结果进行现场核验。

(4)督促建设单位及时报送有关质量文件和资料,如开工报告、单位分部分项工程划分批复、重要部位中间交工证书等。

3)中间交工质量检测

(1)工程开工后,按有关规定确定项目交工验收委托质量检测单位。

(2)审查批准检测单位编制的检测大纲。

(3)施工过程中,根据工程进展情况,分阶段组织检测单位对工程质量进行检测。

4)质量动态信息管理

定期汇总、分析施工过程中的抽测数据,评估总体质量状况和存在的主要问题,提出加强质量管理的措施和指导意见。

5)工程质量投诉及举报受理

依照云南省交通建设工程质量举报调查处理程序规定,及时、公正地处理投诉和举报事宜,并将处理结果反馈给有关单位或个人。

6)采集信用评价信息

根据云南省交通运输厅要求,每年对项目参建单位和主要人员开展信用评价。结合综合检查、专项检查和巡查,采集各从业单位信用评价信息并进行汇总,上报云南省交通运输厅。

2.3 交(竣)工验收阶段

1)交工检测准备

(1)按规定从检测单位储备库中随机抽取检测单位,下达项目检测任务。

(2)检测单位根据检测任务编制检测方案,并提交项目质量监督组进行审查,项目质量监督组审查后报请分管领导对检测方案组织评审。

2)交工检测实施

检测单位应严格按照评审通过的检测方案组织检测工作。

3)交工检测报告

(1)检测单位应在完成现场检测工作后10天内提交检测报告。

(2)项目质量监督组对检测报告的完整性进行审查,审查完成后报请分管领导组织对检测报告进行评审。

4)交工质量检测意见

(1)项目质量监督组根据评审通过的检测报告,及时编写交工质量检测意见,并将存在的问题及时下发建设单位进行整改。

(2)对于技术复杂工程的检测意见,应组织专家评审论证。

(3)将项目交工质量检测意见报送交通运输主管部门。

5)对参建单位初步评价

根据检测结果对设计、施工、监理单位进行初步评价,并经组织审核后报送交通运输主管部门。

6)缺陷责任期监督

在项目试运营期间,督查工程质量状况及交工验收遗留问题的处理情况,将督查结果函告建设单位,并督促相关从业单位完成存在问题的整改。

7)竣工复测

(1)根据交通运输主管部门的通知要求,开展项目质量鉴定工作。

(2)按规定通过招标或委托方式确定检测单位,审查批准竣工复测大纲。

(3)对于技术复杂工程的关键指标复测结果,应组织专家评审论证。

8)鉴定工程质量

依据交、竣工验收工程质量检测结果,结合监督过程中的检查资料和设计单位编写的质量评价报告,按规定对工程进行质量鉴定,并出具工程质量鉴定报告。

9)编写质量监督工作报告

工程竣工验收时,提交工程质量监督工作报告,并参与竣工验收。

10)签发参建单位工作综合评价等级证书

依据工程竣工验收结论,对通过竣工验收的工程各参建单位,签发参建单位工作综合评价等级证书。

11)质量监督档案管理

按照有关的规定和要求,整理、归档质量监督过程及结果的资料,建立项目质量监督档案。

第3章　公路工程工地建设标准化管理基本要求

3.1　驻地建设

3.1.1　一般要求

(1)驻地建设包括建设指挥部、施工项目部、驻地监理部、工地试验室及检测单位的建设。

(2)驻地建设必须遵循以下程序:规划→申报→审批→建设→验收→使用。

(3)驻地建设应体现以人为本的理念,着力改善项目各参建单位的生产、生活环境,各参建单位驻地功能区划、用房面积等参见部、省标准化建设相关要求。

(4)驻地建设应因地制宜,尽量减少对环境的影响。

(5)驻地要做好消防措施,按照《建筑灭火器配置设计规范》(GB 50140—2005)要求配备必要的消防器材。

3.1.2　驻地选址要求

(1)驻地的选址必须满足安全和便于管理的要求,选址位置宜靠近工程项目现场的中间位置,应远离地质自然灾害区域,用地合法。

(2)驻地除要满足环保、水保,交通、通信便利,水电设施齐全的要求外,还应积极创造信息化办公管理条件。

(3)选址应离集中爆破区500m以外,不得占用独立大桥下部空间、河道、互通匝道区及规划的取、弃土场,周围无高频、高压电源及油、气、化工等其他污染源。

3.1.3　指挥部驻地

(1)建设单位宜尽早规划、建设后期营运管理中心、养护中心,并尽可能利用作为建设指挥部驻地。

(2)办公区、生活区及车辆停放区等布局应科学合理,尽可能减少不同区域间的干扰,在办公区内按职能不同设置指挥长办公室(书记办公室)总工程师办公室、各职能部门办公室、档案室、会议室等。

3.1.4　项目部驻地

(1)租赁当地房屋作为项目部的,该房屋必须符合安全要求,必须具有独立的院落,房屋的面积必须满足办公要求。采用拼装式活动房的,搭建不宜超过两层,层高不宜小于2.8m。

(2)项目部一般设项目经理办公室(书记办公室)项目总工程师办公室、各职能部门办公室、档案室、会议室、试验室等。

(3)应积极配合建设单位信息化管理要求,配备相应的信息化办公系统和具备施工信息收集、整理、传送的基本设施。

3.1.5　监理驻地

(1)监理驻地办公、生活用房宜采用自建活动板房或租用沿线合适的房屋为主。

(2)监理单位驻地宜选择独立的院落,按职能设置总监理工程师(驻地高监)办公室、副总监理工程师办公室、各专业职能部门办公室、档案室、试验室、会议室等。

(3)应积极配合建设单位信息化管理要求,配备相应的信息化办公系统和具备施工信息收集、整理、传送的基本设施。

3.1.6　工地试验室驻地

(1)一个合同段(施工、监理或第三方试验检测机构)应设置一个工地试验室。

(2)工地试验室要根据本项目的规模和特点,设置办公室和各功能室。

(3)各功能室设置及设备配置应满足招标文件要求,符合《云南省高速公路施工标准化实施要点》建设要求。

(4)试验室应备有专门的发电设备(功率≥15kW),保证试验检测工作正常、连续开展。试验室电路应为独立的专用线,总闸及力学室、标准养护室应安装触电保护器。

3.1.7　检测单位驻地

检测单位根据检测范围和内容单独设置驻地,用房以采用自建活动板房或租用沿线合适的房屋为主,并按功能设办公区、生活区、仪器设备存放区,配置项目专用的检测设备、辅助器具、工具和交通工具等设备、设施。

3.2　场站建设

3.2.1　一般要求

(1)场站建设一般包括拌和站、钢筋加工厂、预制场、施工材料存放场等建设。

(2)施工现场平面布置应在充分调查工程所在地自然环境、地质状况、气候条件、既有房屋利用条件等的基础上,根据工程规模、特点和施工组织要求等确定。施工现场应满足《云南省高速公路施工标准化实施要点》要求,不得设在易发地质、自然灾害区域。

(3)场站内要配置 150~250kW 柴油发电机组作为备用电源。

3.2.2　拌和站

1)场地建设要求

(1)拌和站面积根据建设规模确定,满足材料存放和节间备料的需要。小规模的不少于 2 000m^2,大规模的不少于 3 500m^2,路面拌和站面积不少于 15 000m^2。

(2)拌和站一般应修建围墙封闭;场地采用20cm厚的C20混凝土硬化。

(3)拌和站场地内设排水系统及污水处理池,严禁场地内积水。

(4)水泥泥灰罐基础以桩基基础或扩大基础为宜,并设专用接地网与楼体、粉料仓保证可靠的电气连接;计算机控制系统应设有独立的接地网。

(5)若拌和站为单个水泥罐,则罐体地面固定缆风绳不少于3根;在每一个罐体上标识项目及承包人名称,字体醒目,便于识别。

(6)设置信号管理系统,保证混凝土拌和运输车、拌和系统与控制室的联系。

(7)拌和站必须设避雷针,数量满足覆盖整个拌和站;同时设置必要的安全标语,拌和主机立柱粘贴反光纸。

(8)作业平台、集料仓、水泥仓等涉及人身安全的部位均应设置安全防护装置;传动系统裸露的部位应有防护装置和安全检修保护装置。

2)材料存放

(1)砂石料场采用仓储式管理,应设防雨棚,高度不小于10m,且满足机械设备操作空间。

(2)料场分隔墙采用厚50cm的混凝土或厚60cm的砌体,高度不低于2.5m,特殊情况下可设置高度不超过1m的软隔断,应确保各个料仓间不串料,并设置相应的质量状态标识,标识包括材料名称、产地、规格、数量、进料时间、检验状态、试验报告号、检验批次等。

(3)袋装水泥、减水剂等集中存放在库房内,库房采用彩钢板搭设,高度、面积应满足堆放数量的要求,下部铺设木板,架空高度为30cm,离四周墙体20cm。

3)拌和站设备

(1)拌和机配置应根据拌和站规模确定,小规模拌和站最低按照2台JS750拌和机配置,主要满足支挡工程、小型预制件等混凝土拌和。大规模拌和站最低按照2台JS1000拌和机配置,主要满足桥梁工程混凝土拌和。

(2)混凝土拌和主机为封闭式强制型;料仓不少于4个,路面拌和设备料仓不少于5个,需设防雨棚,且料仓间挡板具有足够高度,防止串料;配料机应设支腿加固。

(3)拌和控制室安装1台分体式空调,保证各部电气元件正常工作。

(4)拌和站拌和设备要求采用质量法自动计量,水、减水剂计量应采用全自动电子称量法计量,禁止采用流量或人工计量方式,保证工作的连续性、自动性,电脑控制且具备打印功能。

(5)拌和机操作房前醒目位置应悬挂配合比标识牌。

(6)每台拌和机设置不少于2个储灰罐,储存不同强度等级的水泥和粉煤灰。

(7)混凝土运输车数量不少于3辆,且满足混凝土浇筑连续性的需要;储料罐应密封、不漏浆,容量不小于$6m^3$。

(8)沥青混合料拌和设备应配备除尘设备,但回收粉尘提升装置在安装拌和设备时应直接拆除,严禁利用回收粉尘,废弃的粉尘应妥善处理,符合安全、环保要求。

3.2.3　预制场

1)场地建设要求

(1)预制场一般设置办公生活区、材料堆放区、钢筋加工区、预制区、成品存储区等。桥梁梁板预制厂不小于6 000m^2,小型构件预制场不小于2 000m^2。

(2)在进入预制场路口处明显位置设指路牌 1 块,进场位置设安全警示牌;场内相应位置设场地平面图、工艺流程图(分预制、张拉、压浆等)、质量检验标识牌(分预制、钢筋、张拉等)、安全操作规程(龙门吊、张拉机具等)、文明施工牌等各 1 块。

(3)吊装作业区、安全通道应设置禁止标志;龙门吊设置与高压线保持安全距离,司机岗位职责、岗位安全操作规程牌(0.8m×0.55m)随机挂设。预制场的制梁区、存梁区、构件加工区等各生产区域应设置明示标示。钢筋绑扎区在明显位置应设置标识牌。张拉台座两端应设置指令标志,并设置防护板。台座两端设防护网和安全警示标志。

(4)正在使用的机械设备应在醒目位置悬挂机械操作安全规定公示牌(即安全操作规程),易发生机械伤害的场所、施工现场出入口应设置明显的禁止和警示标志。

(5)桥梁预制场设置在填方路堤或线外填方场地时,应对场地分层碾压密实,并对台座基础进行加固。

(6)场内使用 20cm 厚 C20 混凝土硬化,存梁区地面压实后铺设 10cm 石屑并设置 2%~3%坡度,以利排水。场内运输便道采用 20cm 厚 C25 混凝土硬化。

(7)预制场应设 50cm×50cm 砖砌排水沟排放施工废水、养护水、收集雨水并汇入沉淀池,沉淀池设置规格为长 4m、宽 3m、高 1m,污水处理达标后方能排放。

(8)预制区、钢筋加工区、集料存放区设防雨棚,高度满足施工需要。

(9)预制场所有的电器设备按安全生产的要求进行标准化安装,所有穿过施工便道的电线路采用从硬化地面下预埋管路穿过或架空穿越。采用由 315kVA 变电站供电,电力架设须满足三相五线制要求,变压器设置的安全距离要符合相关规范规定。

2)台座布设

(1)台座基础采用框架式基础,不能用重力式,台座采用 C30 钢筋混凝土现浇,预制梁台座面板采用不锈钢板;台座长度按每片梁设计长度每端头长出 30cm;台座横向做成水平,纵向按设计预设反拱。

(2)台座纵横向间距应充分考虑施工作业及喷淋养生设施空间。

(3)存梁区台座混凝土强度等级采用 C25 混凝土,台座尺寸采用 2m×0.5m×0.5m,根据预制梁大小可稍加调整,以满足使用要求。

(4)预制区设置自动喷淋养护设备,采用喷淋养护。场地内应根据梁片养护时间及台座数量设置足够的梁体养护用的自动喷淋设施,喷淋水压应能保证提供足够的水压,确保梁片的每个部位均能养护到位,尤其是翼缘板底面及横隔板部位。养护用水需进行过滤,避免出现喷嘴堵塞现象。现场应设置沉淀池、循环池、加压泵,养护水应循环利用。

(5)在冬季施工预制梁时,室外平均气温连续低于 5℃时,应设置蒸汽养护系统,且满足蒸汽量供给及密闭性高、隔热好的养护罩。

3)材料存放

(1)钢筋及预应力钢铰线存放区须设雨棚,雨棚设置应考虑材料装卸方便等因素,下部采用混凝土条形基础支垫,垫空不小于高度30cm。

(2)减水剂和袋装水泥存放于库房内的存放台上。

(3)支座、锚垫板和预应力锚具应按照不同规格型号分别存放于库房内的货架上,并作相应标识。

(4)波纹管按照型号分类存放在棚内,并保证平顺。

4)机具设备

(1)根据设计要求配置相应的张拉及压浆设备,施工前必须经过检定方可投入使用。

(2)根据提升吨位合理选择场内龙门吊型号,设备使用前必须通过当地质量技术监督局检定。

3.2.4 钢筋加工场

1)场地建设要求

(1)钢筋加工场地的面积应在1 000m^2 以上,总体上应满足各功能分区的要求。

(2)加工场应实行封闭管理,储存区、加工区、半成品区布设合理,设置明显的标志标牌。

(3)加工场内醒目位置应设置工程公示牌、施工平面布置图、安全生产牌、消防保卫牌、管理人员名单及监督电话牌、文明施工牌等明示标志。

(4)焊接、切割场所应设置禁止标志、警告标志。安全通道应设置禁止标志。用电场所、易发生火灾场所应设置警告标志。消防器材放置场所应设置提示标志。各作业区应设置分区标识牌。

(5)钢筋棚立柱和棚架采用型钢材料搭设而成,顶棚采用彩钢瓦并不得漏雨。

2)材料储存

(1)钢筋应按不同规格分别堆放,采用混凝土条形基础支垫,离地面30cm以上,并保证钢筋不变形。

(2)各种原材料、半成品或成品应按其检验状态与结果、使用部位等进行标识,标识牌采用镀锌铁皮制作,白底红框黑字,用油漆喷涂而成,彩笔填写,标识牌应用铁架吊挂安置于醒目处。

(3)机具设备应满足钢筋加工的精度要求,使用数控钢筋加工设备。

3.3 施工现场标准化管理

3.3.1 基本要求

(1)项目经理部主要负责人负责施工作业环境管理的总体策划和部署,建立项目环境管理组织机构,制订相应制度和措施。

(2)项目经理部应按照分区划块的原则,搞好现场的环境管理,进行定期检查,及时解决发现的问题,保持现场良好的作业环境、卫生条件和工作秩序。

(3)项目经理部应对项目环境进行控制,制订应急准备和相应措施,在出现环境事故时,消除污染,并防止产生次生灾害。

(4)施工前了解经过施工现场的地下管线,标出位置,加以保护。施工时发现文物、古迹、爆炸物、电缆等,应当停止施工,保护现场,及时向有关部门报告,并按照规定处理。

(5)施工中需要停水、停电、封路而影响环境的,经有关部门批准,事先通告。在行人、车辆通过的地方施工,应当对沟、井、坎、洞进行覆盖和设置安全标志。

(6)项目经理部应对施工现场可能产生的污水、废气、噪声、固体废弃物等污染源采取预防措施,进行控制。禁止将有毒有害废弃物现场回填。严禁向水域、自然保护区、风景区、农田、草地等环境敏感区倾倒或排放危险废物,防止污染水质和土地。

(7)建筑垃圾和渣土应堆放在指定地点,定期进行清理。装载建筑材料、垃圾或渣土的运输机械,应采取防止装载物飞扬、撒落或流溢的有效措施。施工现场应根据需要设置机动车辆冲洗设施,冲洗污水应进行处理。

(8)除有符合规定的装置外,不得在施工现场熔化沥青和焚烧油毡,亦不得焚烧其他可产生有毒有害烟尘和恶臭气味的废弃物。

(9)施工现场的场容管理应符合施工平面图设计的合理安排和标准化要求。

(10)施工现场周边应按有关要求设置围挡和安全预防设施。危险品仓库附近应有明显标志及围挡设施。

(11)现场的主要机械设备、脚手架、密封式安全网与围墙、模具、施工临时道路、各种管线、施工材料制品堆场及仓库、土方及建筑垃圾堆放区、配(变)电房、消火栓、警卫室、办公生产和生活临时设施等的布置,均应符合施工平面图的要求。

(12)施工现场应设置畅通的排水沟渠系统,保持场地道路的干燥坚实,泥浆和污水未经处理不得直接排放。

(13)临时用电杆线布置合理,配(变)电规范;跨越道路等障碍物时应铺设地下或架空供电线路。

(14)项目经理部应按照文明施工要求,定期进行评定、考核和总结。

(15)施工现场的主要临时道路宜经常洒水降尘。工程结束后,对于临时占地和新开辟的临时便道等破坏区域,要进行土地复垦和植被重建工作。

(16)在各合同段的(标段首尾)主线交界处设置“××项目××合同段公示牌”。项目各标段统一尺寸,统一字体,统-制作,统一安装。

3.3.2　路基工程

(1)取土坑、弃土堆要与农田、水利基本建设配套设置,不得任意挖弃,对其裸露面应有整治和防护措施,应进行围护,并设立明示标志牌。

(2)挖(填)方路基施工过程中采取措施保护边坡稳定,同时开挖临时排水设施,确保作业面不积水。

(3)对于纵(横)向填挖交界处,必须采用台阶法开挖施工,确保路基稳定。

(4)对其裸露路基边坡及时进行防护,避免与后续路面施工交叉,造成路面污染。

(5)圬工砌体砂浆用砂须按工段集中堆放,其场地必须硬化并设置隔离设施防止串料;

运至工点的钢筋、水泥、土工织物等须入库存放并建立使用台账。

(6)小型结构物等基坑开挖弃土不得堆放于现场,必须运至弃土场且须做到随挖随弃,并设置“小型结构物施工状态牌”。

(7)小型结构物所用混凝土、砂浆拌和位置处设置“配合比明示牌”等。

(8)小型结构物回填等施工设置台背分层厚度回填标志。

(9)各种排水沟渠的水流不得直接排放到饮用水源、农田、鱼塘中。

(10)路基施工要求设置“铭牌”,即“主要管理人员名单牌”、“里程标牌”(公里桩和百米桩)、“路基施工状态牌”。

(11)现场各类机械设备停放位置应合理规划,分区布置。施工现场的混凝土运输车、混凝土泵车、汽车吊、自卸汽车等运输车辆,每天(次)作业完毕,清洁后停放整齐。

(12)运输车辆不得超速、超载、超限,不得人货混载,驾驶室不得超定员搭乘;自卸汽车翻斗内严禁载人。

3.3.3 路面工程

(1)现场施工时采取交通管制,限制非施工车辆进入,减少交叉施工工序,降低施工和运输污染。

(2)路面混合料拌和和铺筑过程中,做好安全生产防护措施,防止废气、粉尘等物质扩散造成污染,保障施工人员和附近居民身心健康。

(3)进入主线沥青路面前的运输便道时必须进行沥青混合料硬化,长度不小于100m。

(4)施工作业面应保持洁净,不得有污染,否则应安排人员对松散水泥稳定层碎石和撒落土等杂物及时进行清扫。

(5)施工过程中各种废水不得直接排放到饮用水源、农田、鱼塘中。

(6)施工时严禁将混合料废料倾卸或抛撒在路基边坡上及桥下。

(7)支线上跨桥接线施工:填土纵向运输不允许从路面通过,横向必须通过路面运输时,由路基单位用隔渗土工布或彩条布铺垫一条横向运土通道,所有运土车辆必须从此通道经过。

(8)铺设面层时,若上跨桥下的主线土方未完成,路面单位应铺设能满足车辆通行宽度的隔渗土工布;过桥及明涵的土方接坡,宜在铺设水泥稳定层前彻底清除,并换填水泥稳定混合料并铺隔渗土工布。

(9)防护工程施工、混凝土浇筑引起的砂浆、水泥浆及泥土污染:所有防护工程在路面上施工的材料与设备,路基单位必须在其下铺垫足够大的隔渗土工布或其他防渗漏材料,以确保水泥浆等不污染路面结构层。

(10)路肩及中分带填土的污染:

a.科学安排工序,在水泥稳定层上基层施工完成后、透层施工前进行土的填筑和压实。

b.车辆必须设后挡板,装土不得超过车厢板高度。

c.上主线的部位铺设长度不小于50m的两个车道的隔渗土工布。

d.中分带倒土处铺设足够宽的隔渗土工布或其他防止污染的材料。

(11)路缘石安装及附属工程施工时,砂浆和混凝土应集中拌和,运输车辆车厢必须严密,不得滴淌洒落。附属工程施工时应派专人清理施工污染。施工时必须下垫隔渗土工布或其他防渗漏材料,以确保水泥浆等不污染路面。施工机械停在油面施工时,必须下垫隔渗土工布;机械修理及拆装时,须到规定地点进行,若必须在沥青路面上修理及拆装时,下面必须垫土工布或防渗漏材料,避免油污污染。

(12)路面施工要求设置"三牌":"主要管理人员名单牌"、"里程桩号牌"、"路面施工状态牌"。

3.3.4　桥梁工程

(1)施工时应严格控制污染源。施工废水、污水应进行沉淀处理后方可排放;含有有害物质的废水、污水不得排入禁排区域;施工废油及生活污水应集中回收处理。

(2)采用泥浆护壁进行钻孔桩施工时,应采取有效措施防止泥浆外溢对环境造成污染,废弃的泥浆应集中处理。

(3)对施工中产生的弃土、废渣和固体建筑垃圾,应及时运至规定的场地集中堆放和处理;废弃的钢木材料、边角料及其他物品等应集中回收处理。

(4)挖孔弃土要及时转运,挖孔桩施工现场废弃物要及时清理干净,距井口四周 2m 范围内不得堆积余土杂物;孔口周围应进行安全防护,防止坠物伤人。

(5)对基坑开挖及桥涵附属工程的边坡应予以防护,防止雨水冲刷造成水土流失。弃土应按指定地点堆放,严禁向江河、湖泊、水库倾倒。

(6)用于施工的各项临时设施、材料加工厂及混凝土搅拌站等,均宜远离居民区且宜处于下风区;当无法满足时,应采取适当的防尘、降噪措施。

(7)模板、支架等周转材料,宜选择在装卸、取用、整理方便和靠近施工的地点放置。对现浇混凝土梁(板)模板支撑的支架,进场前应进行质量检验,对检验合格的支架码放并标识;现浇混凝土梁(板)模板支撑的支架旁应悬挂"现浇梁(板)支架施工状态牌",并对支架的稳定性做好日常巡查工作。

(8)临时存放的各类物资、成品、半成品分类堆放有序,并标识。

(9)施工机械停止作业时,按规定的区域整齐停放,保持现场井然有序,不得任意侵占场内道路。

(10)施工中不得破坏水生、陆生野生动物生息繁衍的场所和生存条件。

(11)墩(台、盖梁)实行统一编号,在相应的墩(台、盖梁)位置上粘贴或喷涂"墩(台、盖梁)施工标识牌"。

3.3.5　隧道工程

(1)承包人应在隧道洞门的显著位置处设置"一图二牌"。

a."施工平面图":图示施工现场的布置方式,注明施工区域的位置、面积、功能。

b."主要管理人员名单牌"。

c."隧道施工状态牌":反映隧道掘进、仰拱、二次衬砌施工进度。

(2)洞门 30m 范围内场地宜采用 C20 混凝土硬化,厚度不得小于 15cm;行车道处要采用 C20 混凝土面层,其厚度不得小于 20cm,并设置适当厚度的垫层和基层。

(3)洞门处设置污水沉淀池,沉淀池位于隧道洞口一侧,上面设盖板,应经常清淤,保持洞内排水通畅。洞口两侧设置排水沟,水沟净尺寸宽 25cm、深 20~25cm。

(4)洞门处附近空压机房、配电房禁止堆放杂物。

(5)现场机械设备停放有序,悬挂安全操作规程。

(6)单洞洞门值班室,由专人值班;实行作业人员进出洞登记制度。

(7)洞内布置管线主要有:高压水管、高压风管、通风管、动力线、照明线等管线和管路。

a.管线和管路均悬吊于边墙侧壁上,挂设应做到顺、直,无扭曲和褶皱,吊点间距为 5m,吊点必须牢固。

b.洞内架空线的线间距不得小于 30cm,且距地面高度不小于2.5m。

c.洞内掌子面处线路、管路不得任意拖放,必须分开并摆放整齐。

d.洞内要保持空气清洁。隧道掘进 150m 以上时,必须进行机械通风。

(8)隧道施工作业地段普通照明按每 6~8m 一处布置,距离掌子面 30m 内应配备移动式照明灯具,具有足够的亮度。洞内必须设置应急照明灯,按每 50m 一处布置。

(9)洞内两侧设置临时水沟,水沟宽 40cm、深 30cm。洞内道路应保持平整、坚实、干燥状态,不得出现大片积水、泥泞现象,洞内道路应设专人清扫,排除积水。

(10)放炮后必须进行喷雾、洒水,出渣前应用水淋湿石渣和附近的岩壁,并清理干净掌子面附近的浮渣、块石。

(11)洞内每隔 20m 设置里程标志。

(12)洞内衬砌台车、开挖台架及洞内车辆前后方必须张贴醒目的反光标志并安装防护彩灯,保障行车安全。台架底部配置消防器材,预防火灾。

(13)洞内不得堆放工程材料、半成品及易燃易爆晶。保持洞内整洁,各种工具、设备摆放整齐、有序。

(14)边仰坡施工时,洞顶截水沟以内植被禁止砍伐破坏。

(15)洞口仰坡上方洞身范围内禁止修建施工水池;反坡施工时,洞口设渗水盲沟。

(16)隧道二次衬砌施工完成 50m(含明洞)后须立即进行洞门及边仰坡绿化的施工,以保证洞口稳定和施工安全,创造良好的施工环境,提升隧道施工形象。

3.3.6 交通机电及安全附属设施

(1)施工单位按计划分批组织材料进场,妥善储存和堆放进场材料。

(2)施工机械停在沥青路面施工时,须下垫隔渗土工布;机械修理及拆装须到规定地点,避免油污污染路面。

(3)施工作业路段的交通安全设施材料应摆放整齐、有序。

(4)交通安全设施工程的基础开挖应保护路肩和路基边坡,基础混凝土浇筑须防止造成路面污染。

(5)隔离栅施工前应进行场地清理,特别是进行填平补齐处理,使隔离栅能沿地形起伏前进,便于连接。

3.3.7　施工便道便桥建设

1）选线原则

（1）充分利用现有道路，尽量避免对当地居民生活造成困扰。

（2）结合施工平面布置与现场的存放场、仓库、施工设备等位置相协调，满足通行速度、密度、载重量等要求。

（3）便道宜建在永久用地范围内并与永久工程和施工工序考虑，便桥尽量利用永久性桥梁，应综合考虑与相邻标段便道的衔接，尽量避免与既有铁路线、公路平面交叉。

2）建设标准

（1）根据地形条件确定平纵线形及路基横断面宽度。

a.便道的最大纵坡不宜大于 12%。

b.主便道宽度一般不小于6.5m，辅助便道不得小于4.5m。沿线适当位置尽可能设置长 20m、宽 2.5m 的错车道。曲线或地形复杂地段应适当加宽。

（2）便道路面宜采用泥结碎石或级配碎石，保证晴雨顺畅通行；拌和站和预制场出入口，以及与既有道路连接段 40m 范围，路面采用 20cm 厚 C25 混凝土硬化。

（3）便道应设置必要的排水沟，沟底宽和深度不小于 30cm，在汇水面积较大的低凹处设置涵洞，途经水沟地段应埋置钢筋混凝土圆管涵或设置过水路面，满足排水泄洪要求。

（4）需要设置便桥的应进行专项设计，一般按公路二级荷载标准设计，并应满足排洪要求，桥面宽度不小于4.5m。由设计和使用单位组织验收后投入使用。

（5）施工便道、便桥应设置必要的标志标牌，主要遵循以下要求：

a.施工便道遇集镇、村庄、学校、街道、建筑物、既有道路、危险和临边区域、或视线不良及陡坡地段需设置警示、警告、禁止等标示标牌或可视镜。道路危险地段设置“危险地段，注意安全”等警告标牌。

b.路线明显变化处、便道平面交叉处，应设置指路和警示标志。施工便道与既有通行道路交叉时，应在道口设置减速让行、限速标志。在施工区域内便道应在道口设置指路和警告标志。

c.施工便道从起点起依序编号，设便道标识牌于路口处，标识牌按照0.8m×0.6m 尺寸制作，蓝底白字，标明便道序号、方向（通往××）、陡弯段里程等内容。

d.施工现场（站）区、办公区、生活区等拐弯处应设置拐弯指向标志，并设置防撞墩、防撞柱等防护措施；便道设置里程标；在便桥桥头前进方向右侧设置便桥标识牌。

e.便道途经通道，应设置限宽、限高警告标志；便桥桥头设置限高、限重、限速标志牌，便桥两侧设置防坠落护栏，桥面设高 1.2m 的栏杆扶手，张贴反光标示，栏杆颜色标准统一。

3）养护管理

（1）利用地方道路作为施工便道，承包人应提前与有关部门签订好协议，待工程完工后按照协议进行补偿或修复。

（2）工程完工后，承包人应将施工便道及便桥予以拆除。当地部门要求保留时，要与相关部门签订好协议，否则应予以复耕或对河道进行清理。

（3）便道便桥的养护应组织专门的养护队伍，配备必要的机械、工具和材料，对施工便道进行养护。及时填补路面坑槽,清理排水沟和涵洞的淤泥、杂物,恢复损坏的标志标牌。

(4)根据实际情况配备洒水车用于晴天洒水降尘。

3.4 施工现场临时用电

(1)施工现场临时用电应符合《施工现场临时用电安全技术规范》的规定,并尽量与营运期永久用电相结合。施工前应编制临时用电方案和临时用电施工组织设计,确定电源进线、总配电箱、分配电箱的位置及线路定向,进行负荷计算,选择变压器容量和导线截面,制订安全技术措施和电器防火措施。经相关部门审核批准后实施。

(2)施工现场临时用电应采用TN-S接电、接零保护系统,采用三相五线制(三根火线,一根工作零线,一根保护零线)三级配电三级保护方式(总控、分控、开关、分控、开关分设漏电保护)。

(3)严格按照施工用电专项组织设计与施工现场平面布置进行架设和管理电力线,动力和照明线应分开架设。

(4)用电设施实行"一机一闸一漏一箱"制,不得用一个开关控制两台及以上的用电设备,漏电保护器符合国家现行标准《剩余电流动作保护电器的一般要求》的规定,并与用电设备相匹配。

(5)用电系统需设置室内总配电箱和室外分配电箱,实行分级配电;总配电箱应设置在靠近电源的地方,分配电箱应设在用电设备或负荷相对集中的地方。

(6)开关箱由末级分配电箱配电,开关箱内应一机一闸,严禁一个开关直接控制两台及以上的用电设备;配电箱、开关箱应设在干燥、通风及常温场所,并保证有足够两人工作的空间,其周围不得堆放有碍操作、维修的物品。

(7)所有配电箱、开关箱均编号配锁,表明负责人姓名、联系电话、使用部位,粘贴警示安全标志牌,设专人负责管理。

(8)进入现场的电气设备、固定吊装设备、钢梁钢体等应雷击或外壳带电造成人体伤害的设备,设施均应设线接电。

(9)配电房(室)、变压器等固定电力设备均设安全防护屏障或网栅围栏,高度不低于2.5 m,应设置明显禁止、警告标志。

(10)架空线应采用绝缘导线或电缆线,应架设在专用电杆上,严禁架设在树木、脚手架及其他设施上。

(11)电力作业人员应持证上岗,按规定正确穿戴、使用劳动防护用品。

(12)雨季施工应增加用电设备巡视次数,做好用电设施防雨措施。下雨时关好配电箱箱门,防止进水、受潮,发生漏电事故。雨后应对所有用电设备进行绝缘测试,合格后方可使用。

第 4 章　质量通病防治

4.1　通用工程

4.1.1　混凝土工程表面蜂窝

1)原因分析

(1)模板拼缝不严,拼装后有缝隙,密封不严产生漏浆。

(2)混凝土水灰比控制不当。

(3)振捣方法不当,振捣时间不足。

(4)浇筑时间过长,部分未振捣混凝土已初凝。

2)防治措施

(1)支模时对模板缝进行有效密封,并对模板进行加固处理。

(2)配制良好品质的混合料,选用合适的水灰比。

(3)分层浇筑,采用合适的振捣工具,保证足够的振捣时间。

(4)对大体积混凝土应做好施工组织设计,对浇筑时间过长的混凝土断面应按施工缝处理。

4.1.2　混凝土工程麻面、气泡多

1)原因分析

(1)原材料不符合要求,级配变化大。

(2)浇筑高度较高时,未设置串筒,使混凝土发生离析。

(3)振捣时局部漏振或过振。

(4)模板质量不高,表面不清洁。

2)防治措施

(1)控制原材料质量,级配、含泥量等应满足要求。

(2)当浇筑高度超过 2m 时,应设置串筒或溜槽,防止离析现象。

(3)振捣时要将振捣棒插入下层混凝土,并避免漏振或过振。

(4)尽量使用整体钢模,并确保模板表面平整光洁,接缝平整密实。

4.1.3　混凝土强度离散性大

1)原因分析

(1)进场原材料质量差异大。

(2)施工配合比控制不严。

(3)振捣时间不足。

(4)混凝土构件后期养护质量存在问题。

2)防治措施

(1)对每批进场原材料进行严格检验,保证原材料规格、质量统一。

(2)认真做好现场试验,检测砂、石等原材料的含水率,对拌和设备及计量设备定期检验,控制施工配合比。

(3)在浇筑过程中保证振捣时间和振捣质量。

(4)加强混凝土后期养护。

4.1.4 钢筋保护层厚度合格率低

1)原因分析

(1)钢筋骨架绑扎不牢固,在浇筑混凝土时,振动使钢筋偏位。

(2)模板安装不牢靠,在混凝土重力、侧压力、施工荷载等作用下,产生位移跑模现象,导致保护层成型尺寸不标准。

(3)垫块质量不合格。

(4)混凝土浇筑时,保护不到位,车压人踩,使受力钢筋变位、变形。

2)防治措施

(1)加强钢筋骨架绑扎,必要时应进行点焊。

(2)充分考虑混凝土重力、侧压力、施工荷载等作用对模板的影响,防止出现跑模现象。

(3)垫块质量应满足要求,使用新型垫块保证支垫质量。

(4)混凝土浇筑时,施工跳板应独立于钢筋骨架,防止相互影响。

4.1.5 护坡沉陷开裂

1)原因分析

(1)边坡填土质量差,未按要求分层填筑、夯实。

(2)护坡碎石垫层未按规范要求铺筑,垫层松散。

(3)砌筑质量不符合规范要求,坐浆不饱满。

(4)护坡未按设计要求设置泄水孔和反滤层。

2)防治措施

(1)边坡应按规范要求选择填土材料,分层夯实、修平。

(2)应按规范要求进行碎石垫层铺筑,保证质量。

(3)砌筑施工应按规范进行,坐浆饱满。

(4)按要求设置泄水孔和反滤层,如沉陷严重可能出现滑坡时,应对边坡土体进行加固处理。

4.1.6 涵台墙身裂缝

1)原因分析

(1)涵台地基处理不到位,承载力不符合设计要求。

(2)涵身较长时,未按照设计要求设置沉降缝。

(3)在盖板未架设安装之前进行台背填土,导致台身横向裂缝。

(4)涵底铺砌不密实、渗水严重等使地基弱化,导致涵台不均匀沉降变形,从而产生竖向裂缝。

2)防治措施

(1)基础开挖后应加强验槽,确保基础埋置深度、地基承载力符合要求;当基础土层不均匀时,应挖除软弱土层,保证基础受力均匀,防止不均匀沉降。

(2)应按设计要求设置沉降缝,并可沿涵长方向分段施工。

(3)盖板架设完毕后方可进行台背回填,回填土应按照水平分层、对称方式进行填筑和压实,台背回填材料和压实度应满足设计要求。

(4)浆砌涵台砌筑时,坐浆应饱满,不得出现空洞,砂浆强度应符合要求;现浇混凝土台身时,应控制分层浇筑厚度,确保振捣密实。

4.1.7 涵洞洞口翼墙、挡墙等倾斜、开裂

1)原因分析

(1)地基处理不彻底,地基承载力不满足要求。

(2)洞口铺砌出现空洞使水下渗,地基土弱化。

(3)墙后土压力过大,引起墙身推移变形、开裂、倾斜,甚至倾覆。

(4)墙身砌筑时,砂浆不饱满、砂浆强度不符合要求,造成强度不足,引起开裂变形。

(5)振动压路机碾压路基时的振动引起推移。

2)防治措施

(1)施工前加强验槽,严格按要求进行地基处理。若验槽后发现土层分布或承载力与设计不符,应进行变更处理,确保地基承载力满足设计要求。

(2)加强施工期间基坑排水,防止基坑土层浸水。

(3)墙后应分层填土压实,严格控制分层厚度,保证压实质量。

(4)砂浆强度应符合要求,砌筑饱满。

(5)墙后采用静压设备碾压。

4.1.8 灌注桩钢筋笼上浮

1)原因分析

(1)灌注混凝土接近钢筋笼底部时灌注速度过快,导致钢筋笼上浮。

(2)浇筑混凝土时间过长,混凝土初凝,上浮的钢筋笼不能归位。

(3)导管挂(卡)在钢筋笼上,提升导管时将钢筋笼带动向上移动。

2)防治措施

(1)当混凝土灌注接近钢筋笼底部时适当放缓灌注速度,待导管底口提高至距钢筋笼底以上至少2m时再恢复正常的灌注速度。

(2)混凝土质量应满足初凝时间要求,在混凝土初凝前完成灌注。

(3)导管安装时应注意接头处尽量平顺,尽量保持在钻孔中心,以防导管上提时卡(挂)

住钢筋笼。

(4)在钢筋笼顶部适当加压,防止钢筋笼上浮。

4.1.9 混凝土墩身裂缝

1)原因分析

(1)过振导致较粗集料下沉,顶部粗集料较少,加之顶部箍筋较密,由于塑性沉降,易在箍筋处引起表面裂缝。

(2)由于混凝土干缩引起表面细裂缝。

(3)大体积墩身因水化热引起裂缝。

2)防治措施

(1)采用适当的混凝土配合比,降低水灰比;在混凝土初凝前进行二次振捣,消除塑性沉降产生的分层,提高混凝土密实性。

(2)加强混凝土浇筑后的养生。

(3)浇筑大体积混凝土时,采取措施降低水化热。

4.1.10 重力式桥台台身裂缝

1)原因分析

(1)桥台处存在软弱土层或地基处理不到位,桥台地基承载力不足,发生不均匀沉降,使前墙发生竖向裂缝。

(2)台身砌筑不规范,砂浆强度低,导致台身强度较低,出现前墙外倾或水平裂缝。

(3)混凝土配合比不合理,振捣不密实,后期养生质量差,产生裂缝。

(4)台背回填控制不严、台后填土渗水引起的土压力增大致使侧墙裂缝。

2)防治措施

(1)施工前应按要求加强地基承载能力检验,对软弱地基进行有效处理。

(2)砌块之间的缝隙应用砂浆填筑并仔细插捣,确保砌块之间砂浆饱满,不得直接贴靠或存有空洞;当台身分层施工时,上下各层竖缝应错开,不得贯通。

(3)当桥台采用混凝土浇筑时,应严格控制浇筑厚度并注意养生。

(4)台后填土宜在梁体架设完成后均匀、对称、分层压实,填筑材料、分层厚度及压实度等应符合设计要求,并做好防水工作;锥坡填土宜与台背填土同时对称填筑。

4.2 路基工程

4.2.1 台后路基沉陷(桥涵或其他构筑物回填土顶面与构筑物顶面出现高差)

1)原因分析

(1)压实功不够。

(2)填料不符合要求。

(3)台背与路基结合部台阶处理不到位、压实厚度偏厚、填筑速度过快。

(4)桥涵台后基底底面清理不彻底或软基处理不到位。

2)防治措施

(1)尽量采用大型压实机具,分层填筑,控制最佳含水率和铺筑层厚度。当不能使用大型机具时,宜选用小型振动压路机配合其他适宜的压实机具。

(2)填料优先选用砂类土或透水性材料,当采用非透水性材料时,应进行改良处理,分层回填压实,必要时增设土工格栅。

(3)严格控制填土速率和开挖断面台阶,台阶宽度不小于 1m。条件许可时,主线路堤与台背过渡段应同步回填分层压实,采用反开挖方式进行桥台施工。

(4)台背回填前台后基底应严格按设计要求施工。

4.2.2 路基纵、横向开裂

1)原因分析

(1)路堤填筑高度过高、路堤自身压实度不足,导致工后压缩变形过大。

(2)半填半挖,或填挖结合区域设计不完善,或施工质量控制不严。

(3)地基承载力不足,导致路基整体变形,在交通频繁振动下产生滑坡、纵向开裂。

2)防治措施

(1)严格分层压实厚度和压实度控制标准,及时完善地下排水系统和支挡工程。

(2)完善半填半挖、填挖结合区域方案设计,关键路段进行个别设计;施工过程中应彻底清除地基表面软弱滑动层,开挖台阶后,沿路线全断面采用同种筑路材料填筑。

(3)路基半填半挖与填挖结合路段应优先安排施工,并在基底处、填挖交界处以及路床范围内增设高强或双向土工格栅,必要时增设排水盲沟。

4.3 路面工程

4.3.1 半刚性基层出现裂缝

1)原因分析

(1)原材料质量不合格,尤其是细集料质量不达标。

(2)水泥剂量偏大、含水率偏大或水泥稳定性差。

(3)养护不及时,施工缝处理不当。

(4)养护结束后未及时铺筑封层,水泥稳定碎石强度未达到龄期即开放交通。

2)防治措施

(1)严把原材料关并确保料源稳定,针片状含量、单粒径级配及材料规格等应满足技术要求。

(2)在保证强度的情况下,减少水泥剂量,控制用水量。

(3)压实度检验合格后及时覆盖土工布,在 7 天内保证及时洒水养生;纵、横向施工接缝按规范要求进行处理。

(4)限制重载车辆在未达到龄期前通行,养护完成后及时铺筑封层。

4.3.2 半刚性基层层间整体黏结性不足

1)原因分析

(1)水泥稳定层间没有喷洒水泥净浆,导致层间黏结强度不足出现推移。

(2)级配偏细、细集料偏多,导致层间黏结性能降低出现分离现象。

(3)半刚性基层顶面透封层遭破坏,沥青下面层施工温度偏低、油石比偏小,导致底部松散。

(4)基层表面松散,未清扫干净。

2)防治措施

(1)水泥稳定碎石分层施工时,应在水泥稳定层底基层与下基层之间、上基层与下基层之间喷洒水泥净浆,提高基层间的有效黏结。

(2)采用骨架密实型级配,成型表面粗集料颗粒均匀分布。

(3)加强施工现场组织管理,应做到上基层铺筑完成1个月内及时进行沥青下面层施工,降低施工车辆对沥青透封层的损伤和破坏;油石比应满足要求,沥青下面层施工时温度应满足要求,增强半刚性基层与柔性面层之间的黏结性能。

(4)摊铺沥青下面层前,及时清扫由于施工车辆运输造成的水泥稳定碎石顶面石子松散脱落的颗粒。

4.3.3 沥青面层层间污染

1)原因分析

(1)路面交叉施工,尤其是中分带填土施工造成泥土污染和施工机械漏油污染。

(2)上基层透封层表面散落的集料或覆盖集料的含泥量较大。

2)防治措施

(1)摊铺沥青下面层之前,应及时完成路缘石安装和中分带填土,统筹协调路面交叉施工问题;施工机械设备漏油污染,应及时检查及时发现,并铺设防油布。

(2)对散落的集料应及时清理,覆盖集料的质量应满足施工要求。

4.3.4 沥青混凝土路面出现早期水破坏

1)原因分析

(1)沥青混凝土空隙率较大,雨水进入表面层,在行车荷载作用下导致水破坏。

(2)片面强调平整度,忽视压实度,雨水下渗后积聚在沥青层间,在荷载作用下产生泵吸、冒浆现象。

(3)沥青混合料不均匀,雨水在一些薄弱点位被快速行驶的车辆轮胎下产生的较大动水压力压入表面层,造成松散。

(4)沥青面层裂缝或半刚性基层裂缝,在雨水作用下,造成基层上部冲刷甚至松散,引发沥青表面层出现水破坏。

2)防治措施

(1)严格控制沥青混凝土空隙率,优化骨架密实型级配。

(2)适当提高沥青混合料的出场温度和摊铺温度,并按要求进行压实,确保压实度满足要求,增强水密性能。

(3)完善压实度评价体系,采用马歇尔压实度和理论最大相对密度压实度作为双控指标,防止出现离析和不均匀性。

(4)加强半刚性水泥稳定层基层施工质量控制,优化水泥稳定层材料级配设计,合理控制水泥稳定层强度标准。

4.3.5　沥青路面出现纵、横向裂缝

1)原因分析

(1)气温骤降和反复的温度变化产生温缩裂缝。

(2)半刚性基层的干缩和冷缩开裂形成沥青路面反射性裂缝。

(3)纵向裂缝一般为荷载型裂缝,由路基产生滑移、不均匀沉降和纵向施工接缝不规范所致。

2)防治措施

(1)沥青混凝土路面施工时,温度应满足要求,防止气温骤降的现象出现;对沥青混合料组成进行优化设计,采用骨架密实级配并适当增大沥青用量,改善混合料的抗裂性能。

(2)优化半刚性基层材料组成设计,加强水泥混合料的压实和含水率控制,突出轮胎压路机的搓揉压实作用,并加强洒水养生工作,有效降低干缩和冷缩开裂形成的沥青路面反射性裂缝。

(3)提高路基施工质量控制,防止路基产生滑移、不均匀沉降,施工接缝应按规范设置。

4.3.6　桥头跳车

1)原因分析

(1)桥台与路堤沉降存在差异,工后沉降不均匀。

(2)因桥头与路面搭接处存在施工接缝,经雨、雪等水分渗透,长期会造成道路结构层软化下沉,容易导致跳车。

(3)因桥台背施工场地限制,在靠近桥台处,采用小型压实机具施工,造成压实不足,或采用透水性差的材料,造成路基排水不畅,产生软化、变形。

2)防治措施

(1)台背回填,应与路基填土协调进行,保证压实质量。

(2)台背与路基结合部按规范开挖台阶,并保证台背压实质量;软基段进行地基处理后再分层回填压实,必要时增设土工格栅,以提高整体承载能力,采用透水性材料回填。

(3)在桥头段增设水泥混凝土搭板和水泥混凝土垫层,搭板与垫层呈台阶形式布置,搭板长度根据路线纵坡计算确定。

4.3.7 水泥混凝土面层摩擦系数不足

1)原因分析

(1)水泥砂浆层较厚,砂浆中的砂偏细,质地偏软易磨。

(2)混凝土坍落度及水泥用量大,经振捣后路表汇集砂浆过多,经行车碾磨后,形成光滑面。

(3)路面施工时抹面过光,刻痕深度不够。

(4)水泥耐磨性差。

2)防治措施

(1)严格混凝土配合比设计,保证原材料质量。

(2)严格控制坍落度及水泥用量。

(3)刻痕深度应满足要求。

(4)采用耐磨性能好的水泥。

4.3.8 水泥混凝土面层平整度差

1)原因分析

(1)原材料质量不合格。

(2)施工实际用料与配合比设计用料不符,级配发生变化,造成成品混凝土不均匀收缩,影响路面平整度。

(3)施工工艺控制不严,拌和设备操作计量不准;运输车辆漏浆,改变新拌混凝土的工作特性。

(4)摊铺设备不能满足要求。

2)防治措施

(1)严格原材料质量控制。

(2)加强施工配合比管理,进场后砂石料采取避雨储存。

(3)对施工过程混凝土质量严格控制,使用性能良好的大型自动拌和机械,运输车辆封闭性能良好。

(4)混凝土摊铺设备应通过试验段进行检验,保证其满足要求。

4.4 桥梁工程

4.4.1 锚固体系安装质量差

1)原因分析

(1)锚具、夹片等不配套,安装误差较大。

(2)锚垫板与锚具孔未对正,造成锚垫板变形。

(3)锚固区混凝土不密实,或锚固区漏埋、少埋构造钢筋,张拉力过大时锚下混凝土压裂、松动造成锚垫板变形。

(4)预应力张拉完毕后,未及时封锚,锚固端外露锈蚀。

(5)竖向预应力施工时漏装或未按要求安装锚具,锚端变形松动,导致预应力损失较大甚至失效。

(6)扁锚钢绞线受力不均,预应力损失较大。

2)防治措施

(1)在预应力施工前应对锚具进行配套检查,并进行静载锚固性能试验,以保证锚夹具配套后的锚固效果。

(2)认真检查锚垫板与模板间的安装情况,保证锚垫板位置的准确并使其与锚具孔对中。

(3)严格按照要求布设锚固区钢筋,锚固区可采用细集料混凝土,加强振捣,确保混凝土密实性。

(4)预应力张拉完毕后,及时进行封锚,防止锚头锈蚀。

(5)竖向预应力严格按照规范要求施工。

(6)对于扁锚,应集中穿束,使预应力筋初始受力状态一致。

4.4.2　预应力孔道堵塞

1)原因分析

(1)浇筑混凝土时,波纹管振破,混凝土浆体流入管道内。

(2)波纹管环向刚度不足,挤压变形。

(3)波纹管接长时衔接管口处连接不牢固,或密封不严,导致混凝土浇筑时灰浆渗入。

(4)波纹管安装后,钢筋网焊接施工时电焊火花灼烧波纹管,管壁产生孔洞,导致灰浆渗入。

2)防治措施

(1)波纹管安装前应逐根仔细检查,不得有开裂、孔洞、严重变形等缺陷。振捣时保持振捣棒与波纹管间距,防止直接触击波纹管而使波纹管破裂。

(2)波纹管壁厚应满足要求,咬合紧密。

(3)波纹管安装完毕后检查管口连接情况,可以采用橡皮圈紧箍或采用稍大套管紧箍连接等方式处理,锚垫板、喇叭管、套管连接处应密封、牢固,确保管口连接的密封性、牢固性。

(4)当管道附近进行钢筋焊接施工时,应严格按照操作规程,加强波纹管覆盖防护,防止电火花击穿波纹管。

(5)在波纹管内安装衬管是最有效的手段,在施工过程中应适时抽拔,以防止渗入管道的混凝土凝固。

4.4.3　孔道压浆不密实

1)原因分析

(1)管道变形、不畅通,浆体难以压入引起局部空洞。

(2)压浆时,封堵不严,灌浆压力低,灌浆顺序、时间不符合规定。

(3)压浆材料配合比、原材料选用不当,膨胀效果不好,浆体泌水率过大,曲线预应力束孔道弯曲部位因泌水产生空隙。

(4)排气孔布置不合理或堵塞,尤其多发生在通长曲线段,排气孔堵塞后管道内空气滞留,引起局部空洞。

2)防治措施

(1)灌浆前用高压水冲洗清孔,清洗完后用压缩空气吹干孔道,保持管道清洁、畅通。

(2)控制好灌浆时间,在灰浆流动性未下降前进行压浆,并保持压力;对曲线孔道应从最低处开始灌浆,待一定稠度的灰浆从排气孔溢出后方可堵塞排气孔,但仍应稳压一段时间,尽可能采用真空压浆。

(3)合理选用压浆材料,加强水泥、外加剂等原材料检验,防止浆体收缩和有害腐蚀物质的出现。结合施工季节,加强灰浆配合比设计和检测,控制水灰比、流动度等指标,确保灰浆的工作性能。

(4)排气孔应合理布置,压浆时控制速度,缓慢、均匀进行,不得中断,排气孔依次逐一关闭,使孔道内排气通畅。

4.4.4 连续箱梁裂缝

1)原因分析

(1)支架现浇箱梁施工时,由于支架发生不均匀沉降,导致箱梁跨中底板出现横向裂缝。

(2)浇筑顺序不当,未考虑支架、桥墩刚度差,导致墩顶处箱梁顶面出现横向裂缝。

(3)提前拆架或拆除顺序不当、拆除速度过快等,导致跨中底板出现横向裂缝。

(4)预应力管道定位不准,或浇筑时发生偏移,导致波纹管处混凝土保护层厚度不足。由于预应力张拉时沿波纹管产生泊松效应,沿波纹管底产生横向拉应力,加之混凝土收缩应力的作用,沿波纹管等混凝土薄弱截面易出现裂缝。

(5)由于预应力张拉不到位、锚固效果差引起预应力损失较大等,使预应力不足造成裂缝。

(6)底板浇筑与腹板浇筑时间间隔较长,混凝土收缩变形不一致,引起底板和腹板交界处纵向细微裂缝。

(7)通气孔堵塞,箱梁内外温差大。

2)防治措施

(1)施工前加强地基处理和预压支架,防止支架沉降变形。

(2)箱梁混凝土浇筑顺序应按设计要求进行,无设计要求时由跨中向两端顺序浇筑。

(3)根据施工季节等合理确定支架拆除时间,不得提前拆除支架。支架拆除应由跨中向两端均匀对称进行,拆除速度不宜过快。

(4)加强波纹管定位,确保波纹管底混凝土保护层厚度。

(5)保证张拉时混凝土强度达到要求,加强预应力张拉控制,使张拉力符合要求,降低预应力损失。

(6)底板和腹板混凝土浇筑时间不宜相隔太久。腹板混凝土浇筑时,应严格控制分层浇筑厚度,并加强结合面振捣。

(7)确保通气孔畅通,减小箱梁内外温度差;改善混凝土配合比,加强振捣和养生,减小混凝土收缩变形。

4.4.5　预制预应力梁板纵向裂缝

1)原因分析

(1)梁板底及侧面混凝土厚度和保护层厚度不足、控制不严或混凝土内不密实。

(2)预应力管道和主筋定位差、不顺直、存在局部上下 S 形弯曲或侧向弯曲。

(3)设计方面抗裂箍筋不足或使用抗裂性弱的光圆筋等。

(4)混凝土材料性能或施工控制方面原因:安定性、外加剂、养生、张拉龄期等。

2)防治措施

(1)加强对预制梁板底及侧面厚度和保护层厚度定位控制,确保厚度符合设计要求,施工时确保混凝土的浇筑质量,不离析,密实。

(2)认真控制主筋骨架和预应力波纹管的定位,并加以固定,严格按设计线形定位,不允许存在竖向和侧向两个方向的弯扭曲。

(3)完善设计的细部构造筋设置,适当加强垂直于裂缝方向防裂螺纹钢筋。

(4)加强和规范预制梁板混凝土的水泥,骨料材质,外加剂配合比的控制,并规范养护、张拉等环节的施工质量,避免非结构受力裂纹产生。

4.4.6　预制预应力 T 梁等竖向,斜向裂缝

1)原因分析

(1)由于底模不均匀沉降(张拉前)或吊装等环节施工违规操作引起的外力损伤,属于结构性裂缝。

(2)由于混凝土所使用水泥安定性差,所用骨料、砂质量不佳,或使用了不合适的外加剂,或混凝土配比不适宜等原因,以致于形成了混凝土本身材性变化,从而引起其早期收缩裂缝。

(3)养护不到位或工点位于昼夜温差大地区,且无特殊保护措施等,不利的环境条件使混凝土产生早期收缩或温度应力,从而形成的裂缝。

(4)腹板两侧钢筋设计上偏少,或仅少数光圆筋。

2)防治措施

(1)确保预制场底模基础的稳定和刚度,对施工班组必须进行岗前培训和技术交底,工人必须按规范进行施工操作。

(2)加强对混凝土原材料,配合比及浇筑环节质量控制,并强化各环节观查和反馈,避免材性原因的裂缝。

(3)及时和规范养护,采取必要的防控措施,以避免由温差不利等环境因素引起的裂缝。

(4)调整和加强在细部构造方面的设计,比如:加强腹板两侧面水平分布筋(加密)或改用光圆筋螺纹筋等。

(5)制定严格地检查制度,加强梁板施工各主要环节的质量检查,把住各环节施工质量,及时反馈发现的问题。

4.4.7 悬臂浇筑箱梁桥接缝错台

1)原因分析

(1)两梁段衔接处断面尺寸相差较大,引起错台。

(2)模板接缝不密贴,缝隙较大而引起漏浆或成桥后接缝宽度较大。

(3)模板定位高程控制不准确,或挂篮未紧固发生沉降,造成顶(底)面错台。

(4)挂篮模板纵向定位不准,导致左右错台。

(5)在浇筑施工时,挂篮底模架的刚度不足,纵、横梁失稳,导致变形而引起接缝错台。

2)防治措施

(1)底模架应满足箱梁节段尺寸渐变及预拱度设置要求,按照设计要求准确放样。

(2)在浇筑梁段混凝土前,要检查模板接缝情况,使模板接缝平顺、密贴。底模应有足够的平面尺寸,以满足模板安装、支撑及浇筑混凝土时需要的工作宽度和刚度要求。

(3)挂篮就位后,在校正底模梁架时,应根据荷载计算要求预留混凝土浇筑时的抛高量。模板安装时以此严格定位,校准垂直与左右位置,保证与已浇节段间的连接平整、密贴。

(4)底模架下面的纵梁及横梁应有足够的刚度,纵、横梁之间应以剪刀撑等方式加固,并保持连接紧固,以防止底模的变形。

(5)通过挂篮预压试验消除对于挂篮体系几何变形的影响,挂篮就位后应支垫稳固,收紧吊带后紧固后锚,并注意检查吊带受力是否均衡,否则应重新调整,以防浇筑混凝土时产生下沉变形。

4.4.8 主梁下挠变形

1)原因分析

(1)由于混凝土收缩徐变、张拉、管道摩阻力、锚口预应力损失等使预应力损失过大产生下挠。

(2)预应力管道定位与设计值偏差过大,使实际预应力偏离设计重心,导致下挠。

(3)节段浇筑时,实际混凝土用量比理论值增大引起超重,导致纵向线形变化而下挠。

(4)跨中合龙段施工温度的选择不合理,导致挠度增大。

2)防治措施

(1)合理选择混凝土原材料,优化配合比,控制外加剂的质量和数量,减少收缩徐变对预应力的影响;控制预应力张拉程序,按规定标定千斤顶和压力表,确保有效预应力度;加强预应力管道及安装质量的检查,防止管道变形、漏浆等病害,减小摩阻力,降低预应力损失;严格控制锚具安装,减少锚口预应力损失。

(2)预应力管道定位应准确、牢固,以减小预应力束张拉后的线形与设计中心的偏离。

(3)加强施工监控,对实际浇筑的质量、临时荷载大小、挂篮可能发生的超重等影响因素进行监控,以免增加荷载而引起挠度偏差。

(4)合理确定合龙段施工温度,避免不利温度产生过大挠度。

4.4.9　预制梁板尺寸偏差

1)原因分析

(1)立模不规范或封锚厚度偏差过大,造成预制梁长与设计不符。

(2)模板刚度不足或侧模支撑不牢固,浇筑时发生变形、胀模,使梁体宽度产生过大偏差。

(3)斜交梁板预制时,端部放样不准,浇筑后梁端斜交角度产生偏差。

(4)一次浇筑混凝土时,内模下沉,导致底板厚度不足;芯模顶面过高,减小了顶板厚度。

2)防治措施

(1)模板安装时应严格控制尺寸,端模板的安装应考虑封锚端厚度要求。

(2)模板制作应满足强度和刚度要求,侧模支撑稳定、牢固,拉杆布设间距合理;浇筑过程中及时检查模板变形情况,加固支撑。

(3)对斜交梁板,端部模板架设时应严格校正;对横隔板、预埋件的位置,应保证准确。

(4)梁板一次浇筑时,应严格控制浇筑振捣后底板顶面高度,使底板厚度满足设计要求;内模安装时,应精确控制内模顶面高程,避免内模伸入顶板厚度范围;当采用气囊作为内模时,应加强布设气囊定位箍筋,定位箍筋应与底板纵向主筋连接固定;浇筑时应注意平衡、对称地进行浇筑;当采用空心内模时,可采用压重或压杆的方式固定内模,避免内模上浮;在混凝土振捣时注意避免在两侧腹板进行强振或过振,以免引起内模偏移。

4.4.10　梁板铰缝病害

1)原因分析

(1)铰缝内两侧梁体未凿毛,预留钢筋未凿出或凿出部分过少,铰缝内铰缝钢筋未按设计进行设置,导致整体受力性能下降;浇筑铰缝混凝土前未对铰缝进行清理,缝内有残留的土、灰渣、垃圾等杂物。

(2)由于配合比不当导致铰缝混凝土强度不足,低于梁板混凝土强度;振捣不足,导致混凝土浇筑不密实。

(3)铰缝底未封缝,导致浇筑铰缝混凝土时漏浆,铰缝内混凝土不密实。

(4)铰缝混凝土浇筑后,在强度和龄期未达到要求时,承受过大外荷载,导致铰缝混凝土提前破坏。

2)防治措施

(1)在模板拆除后,应及时将梁体凿毛,并将铰缝钢筋凿出,按设计要求绑扎铰缝钢筋;浇筑铰缝混凝土前,应清理铰缝内杂物,湿润梁体表面,保证铰缝混凝土质量。

(2)加强铰缝混凝土配合比控制,加强振捣,必要时掺加适量微膨胀剂。

(3)铰缝混凝土浇筑前应用高强度等级砂浆对梁底勾缝,防止浇筑时漏浆,采用细集料,便于浇筑和振捣密实。

(4)铰缝混凝土浇筑后,在强度未达到要求前应封闭桥面,不得承受施工车辆、机械、材料等外荷载,在桥面铺装完成前对外加荷载也应加以控制。

4.4.11 钢管混凝土不密实

1)原因分析

(1)灌注混凝土前,钢管内未清洗干净,管壁锈蚀、杂物等影响混凝土与钢管的黏结性能。

(2)灌注不连续,混凝土内残留气体,引起混凝土空洞。

(3)混凝土配合比不良,造成混凝土离析,或造成混凝土收缩性能增大。

(4)施工时温差过大,混凝土灌注时气温较高,随后遇急剧降温,钢管收缩紧固初凝的混凝土,加速混凝土收缩徐变,同时也加大钢管的残余变形,形成接合面脱空。

2)防治措施

(1)钢管制作时应除锈,灌注混凝土前认真清洗钢管,湿润管壁后,先泵入水泥浆,然后再灌注混凝土,以加强混凝土与管壁的黏结。

(2)保证设备和混凝土供应,以进行连续灌注。

(3)加强混凝土材料级配试验,防止灌注后集料堆积,形成混凝土离析;在保证混凝土工作性能的前提下适当减少水泥用量,降低水灰比,减小混凝土收缩徐变。当掺加外加剂时,应严格对外加剂进行检测,保证各项指标符合要求。

(4)合理选择适宜温度灌注混凝土,高温季节施工应采取钢管降温措施,避免混凝土灌注后遭遇较大反复温差的不利情况。

4.4.12 焊接缺陷

1)原因分析

(1)正式焊接前未进行试验,焊丝、焊条、熔剂、工艺等匹配不良。

(2)焊接时钢构件温度低,焊接后降温快,焊接应力过大。

(3)焊接变形矫正变形量过大,施力不当或矫形时温度过低。

2)防治措施

(1)焊接前应对所选材料进行施焊,确认匹配性。

(2)按照钢材品种对施焊构件采取预热和保温措施。

(3)矫正变形应按多次微调的原则,防止出现矫正过度的现象。

4.4.13 涂层缺陷

1)原因分析

(1)钢箱梁基底表面有油污,除锈不彻底,影响漆膜黏结效果。

(2)涂层黏度不符合要求;一次涂刷过厚,或下层未干紧接着刷第二层,或涂装时气温过低,湿度过大,造成流挂。

(3)熔剂挥发太快,涂料黏度过大,表面形成橘皮。

(4)涂覆表面温度太高,涂层太厚,引起龟裂和褶皱。

(5)两层涂刷层间被污染,或两层涂刷间隔时间太长,影响黏结力,引起脱层。

(6)下层表面处理不佳,涂刷不均,表面不平整,上层涂刷后即形成“鱼眼”。

（7）底漆、面漆匹配性差，抗老化性能差，引起涂层粉化剥落。

2）防治措施

（1）涂装前应对底面进行清洁、除锈、干燥，尤其是阴角、转折处，确保无焊瘤、焊渣、气孔、飞边、毛刺、锈斑等。大面积涂装可采用高压无气喷涂施工，不易喷涂的部位可以采用人工涂刷。

（2）选择附着力强、密封性好的防锈涂料，避免一次涂刷太厚，第一层漆膜干后方可涂刷第二层。

（3）控制涂料黏度，并选用相匹配的合适熔剂。

（4）涂装施工温度、湿度应符合要求。

（5）两层涂刷之间应保持清洁，防止层间污染，且两次涂刷间隔不宜太长。

（6）下层表面涂刷应均匀，不平整区域处理后再涂上层。

（7）正式喷涂前应进行试验，合格后方可正式进行，喷涂完成后应及时进行养护。

4.4.14　橡胶支座剪切变形过大

1）原因分析

（1）支座本身抗剪弹性模量偏低。

（2）支座安装时温度过高、过低，因环境温度变化、梁体的温度伸缩变形和汽车制动力等的作用，引起支座过大的初始剪切变形。

（3）同一梁板上其他支座出现脱空，导致个别支座受力过大而产生过大剪切变形。

2）防治措施

（1）加强支座质量检验，对抗剪弹性模量不符合要求的，应清除出场。

（2）选择适宜的安装温度，一般最好在年平均气温时安装；落梁后要检查支座初始变形情况，如变形过大，适当抬起梁的一端使支座恢复形状后再重新落梁，控制好初始变形量。

（3）检查其他支座安装情况，及时调整，防止其他支座脱空而引起个别支座集中受力，导致变形过大。

4.4.15　支座鼓胀、破裂

1）原因分析

（1）支座本身的抗压弹性模量、抗压强度、形状系数等不符合要求。梁体架设后支座出现破裂或侧面波纹状凹凸现象，表面出现龟裂现象，耐久性降低。

（2）由于局部脱空等原因引起支座局部集中受力，造成支座一侧表面破裂或产生波纹状凹凸。

（3）支座存放时保护不当，被一些化学物质腐蚀，使橡胶层严重老化。

2）防治措施

（1）加强支座质量检验，对不符合质量要求者，应清除出场。

（2）确保安装精度。检查同一梁板各支座垫石高程，防止支座脱空；保证支座垫石表面平整，防止单个支座本身局部集中受力过大。

（3）加强支座存放时的保护，严禁与酸、碱、油类、有机熔剂等接触，远离热源且不直接接触地面，以防支座污染、腐蚀或老化。

4.4.16 支座脱空

1）原因分析

（1）墩台顶支座垫石高程控制不当，垫石顶面不在一个平面上；垫石顶面不平，造成支座局部脱空。

（2）梁体预制时梁端三角楔块不平，尤其是斜交板梁较难控制。

（3）支座垫石强度过低，受压后垫石破碎，引起支座脱空。

（4）支座安装温度选择不当，支座初始剪切变形过大而又难以恢复，使支座纵向一侧出现较明显的半脱空。

2）防治措施

（1）施工中，对支座垫石表面高程严格控制；支座垫石顶面应平整，保证梁下支座在一个平面内。

（2）确保梁端底面平整，厚度准确。

（3）加强垫石浇筑质量控制，确保垫石强度。

（4）选择合理气温安装支座，支座安装后选择合适气温条件对支座变形进行恢复调整。

（5）对部分已经出现脱空现象的支座，可采用自流平砂浆进行处理。

4.4.17 桥梁防震挡块和锚杆未按设计要求设置到位

1）原因分析

（1）施工人员不重视，管理人员和监理检验不到位。

（2）施工测量精度不够，施工误差大，形成累积误差后，无法按设计要求做到位。

（3）设计图纸说明不够明确、具体，或在实际施工中的可实施和可操作性不足，按放梁板时存在相互干扰和冲突等因素。

2）防治措施

（1）重视对工人的技术交底，落实管理人员和监理的检验制度。

（2）加强认识，从放样、梁板预制，安装等环节，减少误差，把好质量关。并提前分析和制定对策方案，变被动为主动，落实可控措施。

（3）应从施工的程序和可操作性角度出发完善设计，合理优化和细部调查，便于施工和检查控制。

4.4.18 仿毛勒伸缩缝病害

1）原因分析

（1）橡胶带与异形腔密封不严、握裹力不足，或由于对安装温度影响考虑不周，未合理调整间距，致使异形钢梁内锈蚀，橡胶条被拉裂或挤出。

（2）锚固件安装、焊接质量差，造成伸缩缝装置不牢，在车辆冲击荷载作用下产生脱落、断裂。

（3）由于锚固区开槽深度、宽度不足，或混凝土浇捣质量差，引起锚固混凝土开裂、破碎。

(4)伸缩缝安装后与桥面高差大,引起桥头跳车。

2)防治措施

(1)加强伸缩缝质量检验,根据安装时实际温度合理调整组装间隙。

(2)严格按照设计要求预埋锚固件,锚固位置准确、牢固。安装伸缩缝前清理梁端杂物,确保梁体能自由伸缩。

(3)开槽深度、宽度应符合要求,便于安装和混凝土浇捣。采用高强度等级混凝土进行浇筑,浇筑时应采取密封措施,防止混凝土砂浆流入橡胶条或钢梁异形腔内。伸缩装置四周混凝土应充分振捣密实,防止混凝土中的尖状物刺入位移控制箱,加强混凝土养生。

(4)伸缩缝初步定位后应进行临时固定,检查高程后,点焊边梁与锚固钢筋,予以初步固定,从两侧对称间隔点焊,以免引起钢梁的过大翘曲变形影响伸缩缝与桥面高差。初步固定后进行高程检查,检查无误后对全部预埋件进行焊接,并确保焊接质量。

4.4.19　钢制梳形板伸缩缝缺陷

1)原因分析

(1)伸缩缝钢板与锚固件焊接质量差,焊接部位损伤,引起局部脱落或断裂,伸缩缝整体强度受到影响。

(2)梳齿板翘曲、不平整,行车时振动大、噪声大。

(3)伸缩缝内落入杂物,未及时清理,加速伸缩缝破坏。

2)防治措施

(1)严格按要求埋设预埋件,并确保焊接质量,注意钢板与混凝土的锚固结合牢固。

(2)安装时注意检查钢板的平整度,避免翘曲变形。

(3)施工时注意避免缝内落入杂物,并及时检查清理。同时,安装完毕后应及时在锚孔内灌注环氧树脂胶。

4.4.20　泄水孔损坏或排水不畅

1)原因分析

(1)泄水管材料选用不合理,易损坏。

(2)泄水管布设数量不足、孔径不足、长度不足,少设或漏设,导致桥面排水不畅。

(3)泄水管分布位置不合理,影响排水效果。

(4)泄水管设置高程不合理,造成进出口水流不畅或易堵塞。

(5)泄水管周围防水处理不到位,导致管口周围桥面渗水。

2)防治措施

(1)泄水管的选用应考虑坚固性和耐久性,宜选用铸铁管等作为泄水管。

(2)严格按照设计要求布设泄水管,孔径应符合要求,不得漏设、少设或减小孔径。同时,应注意伸出桥面部分有足够的长度和下倾角,以免管口水流冲刷、腐蚀梁体。

(3)根据桥面纵横坡合理确定泄水管位置,桥面低凹段应加密布设,桥面最低处宜布设泄水管,防止桥面低凹处积水。

(4)横向泄水管布设时应严格放样,准确控制管口高程,防止因管口过高导致的水流不畅和积水,或管口过低造成的堵塞和影响桥面外观。严格管口周围集水区的施工控制,不得高于周边桥面,应形成平缓的凹槽,确保管口周围能顺畅汇集水流。

(5)管底防水层施工要严格控制,泄水管安装牢固,周边混凝土密实,并与泄水管紧密结合,不得出现脱空、松动。

4.5 隧道工程

4.5.1 洞口滑塌

1)原因分析

(1)洞口部位埋深浅或偏压,地质水文条件不良,围岩松散,自承能力差。

(2)隧道洞口开挖方式不合理、支护不及时。

(3)洞口支挡、排水措施不到位,受雨水弱化作用,围岩稳定性降低。

2)防治措施

(1)隧道开挖过程中加强对地质条件变化情况的调查,及时采取地表注浆、超前管棚支护等相应措施处理。

(2)开挖过程中及时清除洞口上方不稳定的表土、松动的石块、危石等,土质地段开挖后应及时夯实整平仰坡;在开挖过程中及时检查边坡和仰坡的稳定性,如发现滑动、开裂等失稳迹象,应及时加强支护,并放缓开挖边坡.

4.5.2 隧道超挖、欠挖

1)原因分析

(1)施工时未根据实际地质条件的变化及时对开挖方法做出合理调整。

(2)断面检测不及时,掌子面开挖放样误差大。

(3)炮眼间距、深度控制不严,当岩质软硬或节理裂隙发育程度变化时,炮眼孔位、间距、深度、装药量等参数未根据地质条件变化及时做出调整。

2)防治措施

(1)及时掌握岩质变化情况,充分考虑断面形状尺寸、岩质变化、裂隙、涌水、围岩条件等因素,及时调整开挖方法。全断面开挖的隧道,可以考虑采用拱部断面光面爆破、边墙断面预裂爆破相结合的方法。分步开挖时,可考虑预留光面层的爆破方案。

(2)加强开挖断面的检测,欠挖超出允许范围时须作凿除处理,超挖超出允许范围较大时,应根据具体情况采取相应的处理措施。

(3)为确保光面爆破的效果,应通过试爆确定周边眼间距、最小抵抗线、相对间距、装药集中度等关键爆破参数;合理调整开挖方式,根据地质条件的变化及时对炮眼布置、深度、装药量等参数进行调整。

4.5.3 初期支护病害(如不平整、开裂、松动、剥落、厚度不足等)

1)原因分析

(1)由于爆破开挖控制精度不高,导致岩面凹凸不平,局部超挖过大的低凹处未找平,欠挖凸出过大而未凿平，喷射初次衬砌混凝土时难以找平而使喷射面起伏过大，平整度较差。

(2)喷射混凝土厚度控制不准，导致局部厚度不足，混凝土开裂、松动、剥落。

(3)地下水对初期支护的影响。

2)防治措施

(1)严格控制开挖爆破过程，减小岩面凹凸不平和松动现象。喷射混凝土前认真检查开挖断面，补凿欠挖处，清除松动石块。用高压风或高压水清理岩面杂物、粉尘，防止结合不良，确保喷射混凝土与岩面的黏结性能。低凹处和存在较大裂隙处应喷混凝土找平，保证初次衬砌混凝土喷射时受喷面基本平整、密封。

(2)严格喷射混凝土操作程序，加强对喷射速度、风压、水压的控制。施工时，对于拱顶部分，喷嘴宜垂直于岩面，对于侧墙部分，喷嘴角度宜适当倾斜。根据回弹量等情况，适当调整喷射距离，原则上以回弹量最小为控制标准。每次喷射厚度应视具体情况而定，总的原则是以每次喷射混凝土层不错裂、不脱落为准，粒径与厚度匹配。为减小先后喷射混凝土相互影响，原则上应先侧墙，后拱部，自下而上，同时，注意先填补低凹处或裂隙处。喷射速度均匀，不宜过快。在钢支撑、钢筋网部位应注意保持足够厚度，喷射混凝土必须覆盖钢支撑和钢筋网，背后不得留有空隙。

(3)加强对围岩渗漏水处理，按设计要求及有关规定做好防水工作。

4.5.4　二次衬砌存在的厚度不足、平整度差等

1)原因分析

(1)立模高程控制不准，使衬砌厚度及平整度产生偏差。

(2)模板及拱架支撑刚度不足，或组装螺栓等在浇筑时松动，浇筑混凝土后模板产生变形，导致厚度偏差、平整度下降、接缝错台等。

(3)立模时模板前后端高程衔接不合理，导致错台和平整度较差。

(4)堵头板安装不合理，导致接缝漏浆。

(5)轨道不平整、不坚实、刚度不足，浇筑混凝土时台车下沉，引起变形、错台、平整度下降。

(6)欠挖未严格处理。

2)防治措施

(1)安装模板时应严格放样，对可能发生的沉落量应严格控制，并根据已浇段情况及时调整。安装后认真调整各控制点，使高程和线形符合隧道断面要求。

(2)模板和拱架应有足够的支撑刚度，保证混凝土浇筑过程中不发生偏位、变形、跑模等现象。对于曲墙式整体衬砌的隧道，模板应具有一定的重力或必要的固定措施，以抵抗曲墙下部混凝土浇筑过程中产生的上浮力。当每次浇筑段长度较大时，浇筑混凝土的压力较大，应考虑缩小拱架间距或加密拱架支撑，保证模板不发生下沉变形；每次浇筑施工前，应对模板进行全面检查，及时消除变形、残缺，对连接螺栓进行紧固。

(3)立模时应注意前后端高程的衔接，后端应以已浇段内轮廓线为准，保证节段间衔接平顺，前端应以拱顶设计高程和边墙基础、顶面横断面控制点为基准。

(4)堵头板的制作尽量与岩面凹凸形状相符，并加强支垫，防止漏浆，同时，堵头板的安

装不得损伤防水卷材。

(5)选用的钢轨应确保拱架能顺畅移动,能承受拱架、模板及所浇筑节段混凝土荷载作用,不发生下沉、变形,一般尽量使用长轨,而且刚度应满足要求。轨道架设前应平整地面,清除松软杂物,确保地基承载力满足要求,必要时加密轨枕。

(6)对欠挖部分进行处理,严格测量放样程序,经检查合格后,方可进行施工。

4.5.5 连拱隧道中隔墙开裂

1)原因分析

(1)由于连拱隧道两侧正洞开挖顺序不同步,造成每侧单洞施工时有向另一侧位移的趋势,而且,中隔墙承受的偏压也随着施工进度而变化。当偏压作用较大时,使中隔墙在施工期间因受拉过大而产生裂缝,在中隔墙顶部汇水区内的承压水通过裂缝产生渗漏。

(2)单洞进行初期支护和衬砌时,另一侧支撑不足,使中隔墙产生偏压作用,导致中隔墙开裂。

(3)由于中导洞和两侧正洞施工不同步,中隔墙顶容易产生脱空区,施工时处理不当,支撑强度不足,容易变形和积水。

(4)如果本身围岩较破碎,中导洞施工时爆破方式不当,对中隔墙底部围岩产生松动破坏,或施工中中隔墙处受积水浸泡,地基弱化,导致中隔墙基础承载能力不足,产生沉降变形而造成裂缝的产生。

2)防治措施

(1)采用中导洞扩大开挖法可减少施工步骤,减少对围岩的扰动。隧道开挖,应根据围岩级别选择适当的开挖方法,Ⅳ、Ⅴ级围岩通常采用中导坑加侧壁导坑法开挖,先墙后拱法衬砌;Ⅲ级围岩通常中导开挖并浇筑中隔墙混凝土,正洞采用上下台阶法开挖;Ⅰ、Ⅱ级围岩通常采用中导洞先行,正洞全断面开挖。

(2)加强对中隔墙的支撑,并注浆将中隔墙顶与围岩之间填充密实。在正洞开挖前、爆破时及单洞实施衬砌时,应对中隔墙的另一侧加强临时支撑,以防造成中隔墙侧移或倾覆,临时支撑在双洞连拱成型后方可拆除。

(3)安全转换受力体系是连拱隧道施工的重点,只有在正洞初期支护支点作用于中隔墙顶面时方可拆除中导洞临时支护。同时,要防止中导洞临时支护突然断开时影响中导洞另半侧的安全防护,可在中隔墙顶面用方木等将另半侧钢支撑顶紧,确保另半侧的荷载安全传递至中隔墙顶面上,使中隔墙受力平衡。注意中隔墙顶部混凝土浇捣的密实性,可以采用二次衬砌混凝土浇筑时,在中隔墙顶部模板上预留混凝土灌注口,或进行注浆回填。

(4)中导洞施工时严格控制炮眼深度和装药量,以免松动基底围岩;中隔墙底部开挖后宜立即浇筑混凝土整平,封闭基底;加强施工现场管理,及时清除施工中的废水、泥浆,加强洞内引排水,避免基底围岩受水的浸泡。

4.5.6 钢筋网露筋、固定不牢、网片混凝土脱落、保护层厚度不足等

1)原因分析

(1)钢筋网未随受喷面起伏安装,或钢筋直径过大难以弯曲布设,或开挖断面起伏过大

导致钢筋网难以与岩面贴合，导致保护层厚度不足或露筋。

(2)局部喷射混凝土过厚，自重过大，或喷射后受相邻段开挖爆破振动影响，导致混凝土脱落。

(3)钢筋与锚杆绑扎不牢，受力后松动、变形。

2)防治措施

(1)如开挖岩面起伏过大，需按喷射混凝土要求对岩面进行处理，对坑洼处以混凝土找平，然后对全部受喷面进行初喷，保持岩面基本平整。钢筋网所用钢筋直径不宜太粗，否则难以弯曲布设定型，与岩面的符合性较差，且容易使较薄的保护层开裂。

(2)钢筋网应与每一根锚杆牢固绑扎，绑扎点高度的确定应使钢筋网能随岩面起伏，并且，钢筋网与初喷面距离一般不大于3cm，以确保最终保护层厚度符合要求。

(3)严格按照要求控制喷射混凝土厚度，同时，合理安排工序，避免已喷射段混凝土受相邻段开挖爆破的影响。

4.5.7 支撑钢架强度和刚度不符合设计要求、布设间距过大、曲率与开挖断面不符等

1)原因分析

(1)支撑钢架选材不合理，材料强度不足，加工后的H形、I形、U形钢轨或钢管的断面尺寸偏小，刚度不足，或钢筋格栅所用主筋直径过小，对松动围岩的承载能力不足。

(2)钢筋格栅制作时连接钢筋直径偏小、布设间距过大、斜撑钢筋布设不足、钢筋焊接不牢固等，导致整体强度和刚度不足。

(3)未按照要求严格控制钢架间距，钢架布设间距过大，或间距不均。

(4)钢架架设、锚固不稳固，底部开挖废渣未清理到位，喷射混凝土施工中产生移动。

(5)钢架制作不规范，未按照断面几何形状严格控制，导致安装后与开挖偏差过大。

2)防治措施

(1)加强钢架原材料控制，强度必须满足要求；钢架断面形状和尺寸、布设间距等应通过计算确定，对围岩类别情况、混凝土沉落量的影响因素应考虑全面，确保有足够的支撑刚度，满足设计要求。

(2)钢筋格栅一般应以Ⅱ级螺纹钢筋制作，钢筋直径不小于22mm，格栅的断面尺寸应符合设计刚度要求。为保证钢筋格栅的横向刚度，环形箍筋的直径应不小于12mm，箍筋间距一般不宜大于20mm，并且，每隔一定间距应加设一道与主筋直径相同的加强箍筋。使用中为了防止由于受力较大而发生扭曲，每隔一定间距应增设与主筋直径相同的斜拉支撑钢筋，增强格栅抗扭刚度。所有联系部位均应焊接牢固，焊接工艺应符合相关要求。

(3)钢架布设时必须准确放样、定位，布设间距严格按照设计要求确定，不得随意挪动。

(4)钢架制作需注意，应根据设计开挖线准确放样后进行制作，其中，对预留沉降量、预留拱度、断面加宽等因素考虑全面，使钢架线形、曲率符合隧道断面要求。

(5)开挖后应尽快安装钢架支撑，抑制围岩变形，增强开挖面的稳定性。钢架的支撑端

部应坐落在基岩上,不得落在废渣上。若端部地基强度不足,应用锁脚锚杆、浇筑混凝土等使其稳固,安装就位后,钢架的拱背与开挖面之间应采用钢楔块等顶紧,使其在后期喷射混凝土施工中稳定而不产生移动。在喷射混凝土时应注意钢架与围岩之间不得漏喷,不得留下空隙。

4.5.8 衬砌后洞内渗水

衬砌浇筑完成后,洞顶、洞壁及路面出现渗漏水现象。隧道衬砌和设备在渗漏水长期作用下受到腐蚀,影响耐久性,路面渗水将对行车安全产生不利影响。

1)原因分析

(1)地表水下渗进入衬砌。

(2)围岩中的水渗入到衬砌。

(3)地下水上升,导致路面或衬砌渗水。

(4)衬砌背后排水沟管设置不合理,施工不当造成沟管堵塞,影响防排水效果。

(5)防水板质量差,施工时损伤、破裂,或铺设方法、焊接质量差,导致渗漏水。

2)防治措施

(1)加强洞外的引排水,查明水源,根据地形、地质及气候条件,合理设置疏水、截水、引水设施。

(2)隧道开挖后及时检查围岩渗漏水情况,合理确定防排水方案和位置。加强衬砌背后排水,衬砌背后设置排水管、排水沟时,应根据隧道开挖情况及渗漏水部位合理选择布设位置,并与衬砌施工配合进行。在压浆和灌注混凝土时应注意控制,不得使浆体流入沟管内,以免造成沟管堵塞,排水不畅。

(3)为防止隧道路面冒水,应严格按照设计要求铺设碎石盲沟,并与纵向排水沟连通。碎石盲沟的铺设应符合规范要求,保证排水畅通。施工中如发现地下渗水较严重,可根据实际情况适当加密排水盲沟。

(4)加强衬砌背后排水系统施工质量控制。排水沟管的位置应做好记录,在衬砌施工完成后标出排水沟管的位置。钻孔和注浆时避开沟管,以防损坏沟管或使浆体流入而堵塞沟管,影响排水效果。衬砌背后的排水暗沟、暗管应有一定的刚度,连接紧密,并牢固定位于围岩或初次衬砌表面,不致因衬砌施工时被挤压而产生松动、位移和变形,并以防水板、土工布包裹或涂抹防水砂浆,以防浇筑衬砌混凝土使浆液流入管内。衬砌背后的排水盲沟应与衬砌同时进行,盲沟反滤层外的回填应保证密实,以防渗水漫流。

(5)加强防水板质量控制,防水板应选用耐老化、耐腐蚀、易操作和顶破强度、延伸率较好的塑料板材,在使用前对防水板质量应进行检测;加强对防水卷材铺设面的处理,防止防水板受损。防水卷材铺设应保证后期与喷射混凝土密贴,不宜拉得过紧,尽量使防水板接缝与衬砌施工缝错开;加强混凝土灌入、振捣等工艺的操作控制,避免直接对着防水板出料,不得紧贴防水层插入振捣棒,振捣过程中避免振捣棒触及防水板。

(6)衬砌后如发现渗漏水,应及时查明原因并作处理,可以采用水泥注浆、化学注浆等方式。注浆的顺序应是:从无水区向渗漏严重区,从侧面向顶面、从下坡向上坡、从洞1:1向洞身方向进行。

4.6　交通机电工程

4.6.1　光电缆敷设不规范

光电缆防护不良,存在外皮损伤、压扁、扭伤、折痕和裂缝、孔洞封堵不密实的通病。电缆沟和桥架内电缆排列无序,有绞接现象,强弱电间距不符合要求。

1)原因分析

弯曲半径过小、保护不当,施工不规范,检验把关不严。

2)防治措施

(1)重点抓好桥隧电缆引入、包封等薄弱环节。光缆敷设后,应细致检查,要求外护套完整无损,不得有压扁、扭伤、折痕和裂缝等缺陷;如出现异常,应及时检测,予以解决。

(2)根据需要预留长度,光缆的曲率半径应符合规定,转弯的状态应圆顺,不得有死弯和折痕。

(3)在同一线槽中,光缆和其他线缆平行敷设,应有一定间距,要分开敷设和固定,各种缆线间的最小净距应符合设计规定,保证光缆安全运行。

(4)光缆全部固定牢靠后,应将所有槽洞、管孔的空隙部分,用封堵材料堵塞密封,以达到防火、防鼠、防潮的效果。

(5)缆线在布放前两端应贴有标签,以标明起始和终端位置,标签书写应清晰并不易褪色,编号正确,与图纸符合。缆线布放时应有冗余,应按设计要求预留长度。

4.6.2　线缆结构尺寸、绝缘层厚度、绝缘电阻、阻燃特性等不符合要求,线径不足不符合要求

1)原因分析

以次充好,检验把关不严,实际批次与设计批次不一致,实际型号与施工型号不一致。

2)防治措施

(1)建立诚信体系机制,采用奖罚结合的原则,鼓励企业提供合格材料。

(2)加强第三方过程检测,加强线缆,特别是阻燃电缆的抽检力度。

(3)增加监督抽查力度,提高线缆材料质量水平。

4.6.3　低压配电设施的开关、配件结构尺寸、绝缘电阻、动作电流值等性能参数不符合要求

1)原因分析

(1)绝缘材料制成的零部件绝缘性能差。主要表现在未按工艺要求对其进行绝缘处理影响绝缘性能,或由于在潮湿的情况下使用,绝缘性能明显降低。

(2)低压成套开关设备的铜排,由于加工能力、含铜量等原因,导致载流量低、发热,降低了装置的实际载流量,不能满足设计要求。

2)防治措施

(1)低压配电设施的开关、配件等应选择质量信誉较好的厂家产品,并严格审核其合格证等质量证明材料,明确其应满足的质量标准。

(2)加强低压配电设施的开关、配件等进场测试,重点针对配电设施的绝缘性能进行检测。

(3)加大监督抽查力度,提高低压配电设施相关材料的质量水平。

4.6.4 视频传输系统的设备质量不符合要求

1)原因分析

(1)数据光端机、编解码器、矩阵、光平台等视频传输设备质量不符合要求。

(2)视频传输通道设备未按要求进行系统调试。

(3)光纤传输链路等视频传输系统出现故障。

2)防治措施

(1)数据光端机、编解码器、矩阵、光平台等视频设备选用符合标准的成熟产品,并且设备产品视频传输性能指标符合国家标准要求。

(2)加强视频传输系统设备的联合调试,确保视频传输通道指标符合标准要求。

(3)提高光纤熔接水平,避免出现光衰过大从而影响传输效果。

4.6.5 电动栏杆机的起落时间不符合要求

1)原因分析

(1)电动栏杆机的型号没有按照设计要求的进行安装。

(2)电动栏杆机没有按照说明书进行有效的设置。

(3)电动栏杆机和车道控制器以及 ETC 不停车收费系统等组成的系统没有按照设计要求进行可靠的联调。

2)防治措施

(1)电动栏杆机的型号按照设计要求的进行安装。

(2)电动栏杆机按照说明书进行有效的设置。

(3)电动栏杆机和车道控制器以及 ETC 不停车收费系统等组成的系统按照设计要求进行可靠的联调。

4.6.6 设备和系统的接地不符合要求

1)原因分析

(1)施工地点土壤电阻率比较大。

(2)地网面积不够。

(3)错误施工,没有做接地,把接地扁钢接地线接在护栏上,利用不安全的接地体做接地。

2)防治措施

(1)正确测试当地土壤电阻率。

(2)依据国家接地标准对接地网进行正确的面积计算。

(3) 正确施工,依据国家接地技术标准正确判断哪些接地体可以作为接地。

4.6.7　ETC 车道天线通信区域无法满足正常交易需要、车辆检测器或线圈异常、车道控制机响应和车载 OBU 与天线通信异常

1)原因分析

(1)天线安装高度、角度、信号强度不符合设计要求。

(2)线圈信号反馈异常或线圈信号线损伤或短路、断路。

(3)线圈灵敏度设置不合理。

(4)车道控制机配置不符合设计要求,程序响应速度无法满足交易需要。

(5)车道控制机 I/O 板卡故障。

(6)车载 OBU 与天线型号、厂家批次不同,兼容性故障。

(7)车道软件参数配置不符合设计或使用要求。

2)防治措施

(1)严格按照设计要求及施工工艺进行天线立柱、天线等设备的安装及调试,确保天线处于良好工作状态。

(2)严格按照设计要求及施工工艺进行线圈敷设施工,并加强线圈质量检测及其与车道系统调试。

(3)加强车道控制机的安装及调试,确保车道控制机各接口及功能正常有效。

(4)加强 ETC 车道及系统的软件安装及调试,确保 ETC 系统各软件、硬件设备处于良好工作状态。

4.6.8　视频事件检测误报、漏报等严重,识别率等不符合要求

1)原因分析

(1)设备选型不当。

(2)软件调试不足。

(3)摄像机角度不准、摄像机清晰度不够,电源线和信号线走线不规范,环境干扰严重。

2)防治措施

(1)明确技术指标,优先选择成熟产品。

(2)按照设计方案,选择最佳摄像机位置,按照实际环境对软件设置进行全面调试。

(3)合理布设电源线和信号线,避免电磁环境对图像质量的影响。

(4)摄像机镜头应经常擦拭,以提高系统的识别率。

(5)摄像机及镜头、外壳防护罩等定位螺钉应紧固,必要时加垫弹簧垫、硅胶等固定。

4.6.9　电力监控系统的质量不符合要求

1)原因分析

(1)电力监控系统不具有“四遥”(遥信,遥测,遥控,遥调)功能。

(2)电力监控系统数据库过于简单,没有把具体的电力事件进行分类。

(3)电力监控系统没有和应急电源系统集成,无法判断 EPS、UPS 和柴油发电机的状态。

(4)电力监控没有集成配电室环境监控系统(红外传感、温感、烟感、入侵自动报警等系统)。

2)防治措施

(1)电力监控系统应具有“四遥”(遥信,遥测,遥控,遥调)功能,参见云南地方标准《云南省公路机电工程质量检验与评定》(DB53/T 446—2012)。

(2)电力监控系统数据库依据电网要求把具体的电力事件进行分类。

(3)电力监控系统集成应急电源系统,判断EPS、UPS和柴油发电机的状态,对应急电源系统进行维护。

(4)电力监控集成配电室环境监控系统(红外传感、温感、烟感、入侵自动报警等系统),对入侵变配电所的人或动物进行监控和报警。

4.6.10 消防水池、水泵房和给水管道等施工质量不佳

消防水池、水泵房和给水管道等施工质量不佳导致漏水,消防系统水压不足等问题。

1)原因分析

(1)未按设计要求及施工质量控制流程施工。

(2)消防系统设计存在问题,并未按流程进行变更等。

2)防治措施

(1)严格按照设计要求及施工流程施工。

(2)加强施工过程监控,确保施工工序质量。

(3)加强与各施工界面的联系,明确施工界面及验收条件,确保各界面质量。

4.7 交通安全设施工程

4.7.1 突起路标、标线涂料、玻璃珠、钢护栏拼接和连接螺栓等材料质量差

1)原因分析

(1)突起路标逆反射性能和抗压荷载不合格。

(2)不同气候区使用的涂料性能差别不大,不适应环境性能的要求。

(3)玻璃珠的成圆率和级配不能满足要求。

(4)钢护栏拼接螺栓整体抗拉强度不足,连接螺栓耐盐雾腐蚀性能差等。

2)防治措施

(1)加强第三方过程检测,对于突起路标、标线涂料、玻璃珠、钢护栏拼接和连接螺栓等以往质量较差的材料,增加抽检力度。

(2)增加监督抽查力度,监督抽查检验项目应充分考虑我省材料使用特点。

4.7.2 标志基础预埋件未镀锌

1)原因分析

(1)设计单位未设计。

(2)未订购镀锌标志基础预埋件。

2)防治措施

(1)交通标志的所有钢构件,包括标志基础预埋件均应进行防腐设计。

(2)施工单位应选购适宜的标志基础预埋件,并按要求送检。

4.7.3　标志基础施工容易爆模、强度不足

1)原因分析

(1)模板质量差、强度不够、模板材质选用不当。

(2)模板支撑不牢、支撑点数量不够、支撑方式选用不当。

(3)模板连接不当。

(4)灌入速度过快。

(5)配合比设计不当。

2)防治措施

(1)大基础使用钢模,不能使用易变形的木模。

(2)牢固绑扎和支撑模板。

(3)防止振捣过度。

(4)控制灌入速度。

(5)按设计要求进行配合比设计,严格养护条件和周期。

4.7.4　钢护栏立柱竖直度不佳,线形不顺适

1)原因分析

(1)立柱打桩机不能满足要求,现场未进行立柱竖直度控制。

(2)结构预埋件和立柱孔洞不统一,施工中放线的位置和高程控制的精准度不高。

2)防治措施

(1)选用液压、锤头与立柱连续接触式的打桩机,使用水平尺等测量工具旁站测量,保证立柱竖直打入。

(2)合理安排工期,立柱施工应尽量安排在面层施工后进行,以利于立柱高程的控制,保证护栏线形。

(3)路基和桥梁工程设计单位应提前与安全设施工程设计单位沟通确认路基、桥梁工程施工的结构物上预留的预埋件和立柱孔洞的类型、尺寸和位置,以保证全线统一标准,避免二次返工。

(4)护栏立柱的设置方式应与路基设计的护轮带上护栏立柱设置预留方式相统一。

(5)以结构物为控制点进行放样时,立柱施工中应注意高程控制和立柱竖直度控制。监理工程师及时检查立柱高程、竖直度、顺直度,着重控制打入立柱与结构物上立柱过渡的线形和埋设方式。

(6)钻孔施工时承包人应根据立柱放样点,准确安置钻孔机,确保钻头对准放样点。施工过程中应随时观测钻杆的垂直度,及时进行调整,确保钻杆始终处于垂直状态。

4.7.5 标线夜间反光效果不佳、诱导性差

1)原因分析

(1)热熔涂料的熔料温度过高或过低,玻璃珠的撒布量过高或过低。

(2)施工中风较大,玻璃珠被吹散;撒布机摇晃、倾斜等原因造成面撒玻璃珠撒布不均匀。

(3)预混玻璃珠和面撒玻璃珠杂质太多,成圆率低,粒径分布差,造成夜间反光效果不佳。

(4)施工中路面凹凸不平。

2)防治措施

(1)根据所用涂料和玻璃珠的性状,进行试验段施划,确定适宜的熔料温度和玻璃珠撒布量。

(2)玻璃撒布机安装防风罩并做好涂料操作准备工作,掌握好施工前进速度。

(3)在施工中应使用合格的玻璃珠产品,严禁使用不符合标准的大粒径级配玻璃珠。

(4)应提高施工技术和应变能力,对凹凸不平路面进行适当调整,保证反光效果。

4.7.6 突起路标的黏结施工质量不佳

1)原因分析

(1)路面或突起路标底部存在松散颗粒、灰尘、沥青渣、油污或其他有害材料。

(2)突起路标黏结剂质量差,黏结力和耐久性差。

(3)未按正确施工工艺黏结突起路标。

2)防治措施

(1)认真清扫路面,保证路面清洁干燥后再进行施工。

(2)选择质量好的黏结剂。

(3)突起路标就位后,在其顶部施加压力,排除空气,调整就位。

4.7.7 隔离栅基础、刺钢丝施工质量较差

1)原因分析

(1)未按设计规定开挖基坑。

(2)混凝土基础尺寸未达到设计要求,基础周围未进行夯实处理。

(3)混凝土立柱预制挂钩位置不正确,立柱有裂纹、翘曲、蜂窝、麻面等缺陷。

(4)刺钢丝未绷紧,绑扎牢固。

2)防治措施

(1)隔离栅所在位置应进行场地清理,软基应进行处理。

(2)混凝土基础尺寸和埋深应满足设计要求。

(3)混凝土基础及立柱预制时,应保证密实、平整、挂钩位置准确。养护应满足要求,有条件时可选用蒸汽养护方式。

(4)预制混凝土立柱和基础在运输及装卸时应避免折断或损坏边角。

(5)应从端头立柱开始安装刺钢丝,刺钢丝之间应平行、平直,绷紧后应与立柱上的挂钩牢固绑扎,横向与斜向刺钢丝相交处也应绑扎牢固。

4.7.8　防眩板施工质量不佳

1)原因分析

(1)钢构件防腐性能不满足要求。

(2)预埋件等连接部件的位置不准确,导致防眩板间距不能满足设计要求。

(3)防眩板安装不牢固,导致顺直度较差。

(4)防眩高度达不到设计要求。

2)防治措施

(1)选用满足设计要求的钢构件,螺栓产品不允许使用电镀锌产品。

(2)对预埋件等连接部件的位置、强度、腐蚀状况进行核查,不符合要求时进行整改,严格控制防眩板安装间距,并将防眩板紧固安装。

(3)防眩板施工时,其整体应与公路线性协调,不应有明显的扭曲和凹凸不平。

4.8　房建工程

4.8.1　混凝土几何尺寸偏差大、爆模

1)原因分析

(1)房建施工场不平整,凸凹不平,偏差较大

(2)定位放线不准确,技术保障措施不到位。

(3)模板有杂物、不平滑、完整。

(4)支撑松散不到位

(5)施工管理责任不落实。

2)防治措施

(1)严格进行场地平整,定位放线应严格把控,采用设立固定参照点、定位标记、挂线等方法确保定位放线准确。

(2)辅材进场应严格把控材料进场要求,木模应采用八成以上无破损木模投入施工;钢模应进行除锈、除渣、矫正、清洁后方能投入使用。混凝土浇筑前、浇筑中应对支撑构件进行检查,防止模板变形。拆模时应做轻敲,不可野蛮施工。

(3)施工管理、监理验收过程中施工管理及验收程序应严格把控。

4.8.2　砌体不平直、平顺

1)原因分析

(1)混凝土结构、砌体几何尺寸变形,有破损情况。

(2)砌体施工过程不放线、砌筑不规范。

(3)砌筑砂浆配比不统一,导致收缩比不一。

(4)砌筑时不做排脚、压顶。

2)防治措施

(1)砌体施工前全面检查混凝土框架实际尺寸,并计算砌筑模数,做排脚、压顶安排。

(2)砌筑砂浆拌和严格按照配合比实施。

(3)砌筑砌体时拉通线做三线控制。

4.8.3 墙体开裂

1)原因分析

(1)沉降不均匀、砂浆过厚,导致开裂。

(2)施工措施不力,梁墙结合部未进行挂网施工。

(3)预埋管线砂浆未分次、分时填埋。

2)防治措施

(1)严控地基基础施工质量,并做好沉降观测记录。

(2)砂浆应严格按照配合比拌和,并按建筑施工规范进行实施。

(3)梁墙结合部上下应用不低于30cm挂网进行挂网固定抹灰。

(4)预埋管线砂浆填充时应分次填充,且上道填充物干透后方可进行下道填充。

4.8.4 涂料面层不均匀,平整度差

1)原因分析

(1)底层砂浆未干即进行涂层施工。

(2)一、二次抹白后未进行磨沙处理即上面层。

(3)预埋管线砂浆未分次、分时填埋。

2)防治措施

(1)严控地基基础施工质量,并做好沉降观测记录。

(2)砂浆应严格按照配合比拌合,并按建筑施工规范进行实施。

(3)梁墙结合部上下应用不低于30cm挂网进行挂网固定抹灰。

(4)预埋管线砂浆填充时应分次填充,且上道填充物干透后方可进行下道填充。

4.8.5 饰面砖铺贴面层不平整,表面垂直度过大,阴阳角不规则,面砖缝隙过宽,高低差过大

1)原因分析

(1)未严格按照面砖铺贴流程施工(弹线分格→排砖→浸砖→镶贴面砖→面砖勾缝与擦缝)。

(2)未对基层进行处理。

(3)铺贴过程中未挂线,拉线及贴标准点。

2)防治措施

(1)严格按照面砖铺贴流程施工。

(2)铺贴前先检查基层是否平整,并作相应的处理。

(3)铺贴过程中应拉线挂线,并贴标准点控制垂直、平整度。并排砖使灰缝均匀。

(4)阴阳角处应刮角,使边缘吻合整齐。

(5)面砖粘贴前要浸水两小时以上。

4.8.6　吊顶边角、龙骨与板面连接有隙缝;板面不平整,有划痕,板与板之间有缝,边角与墙面不严实

1)原因分析

(1)施工安装技术不到位,龙骨安装的不平整。

(2)扣板与龙骨质量不合格,容易出现缝细大的问题。

(3)安装时未在四周墙上弹线。未根据板块尺寸拉线找正。

2)防治措施

(1)施工时应拉线,对正后固定、压黏,使压缝条、压边条严密平直。

(2)施工时注意板块规格,拉线找正,安装固定时保证平正对直使罩面板分块间隙缝平直。

(3)顶棚内的管线、设备件不得吊固在骨架上,防止骨架不稳。

(4)大龙骨安装时吊杆调平,各吊杆点的高程一致。施工时应检查各吊点的紧挂程度,并接通线,检查高程与平整度是否符合设计和施工规范要求。

4.8.7　门窗焊角开焊、型材断裂,门窗倾斜、门扇走扇推拉不好的现象,门窗不水平

1)原因分析

(1)材料在搬运、装卸、安装过程中不注意,不细心,随意拿放。

(2)没有用线坠、靠尺检查门窗与地面或台面的垂直度,造成偏差过大。

(3)安装时未测量窗台或地面的水平度,基准点不对,未调整水平。

2)防治措施

(1)安装人员在安装时应轻拿轻放,不得撬、甩、摔。

(2)用线坠、靠尺检查门窗与地面或台面的垂直度。

(3)测量窗台或地面的水平度,看一下哪边高,然后以高点为基准,低的地方用木楔或垫块临时固定,以调整窗框的水平度。

4.8.8　屋面防水渗水

1)原因分析

(1)防水层分仓缝处,是属于嵌缝不严密或油膏老化造成。

(2)防水收头处理不当。

(3)柔性防水材料直接暴露在空气、阳光等条件下,在使用一定时间后就会出现老化现象,进而开裂,最终导致渗漏发生。

(4)屋面基层未进行不干燥处理,阴雨天施工。

2)防治措施

(1)不要在阴雨天施工,施工前先处理屋面基层,使基层干净、干燥。

(2)泛水收头处做特殊处理,或加喷涂防水材料。

(3)柔性防水材料不得直接暴露在空气、阳光等条件下。

(4)接缝处压边严格按照规范要求施工。

4.8.9 给排水管道堵管,水压小

1)原因分析

(1)交叉施工过程中各施工单位施工人员施工不当导致给排水管道变形或断裂。

(2)施工人员未对给排水管道进行清理或接口处未作密封处理。

(3)施工使用管件安装不合理,设备未正常工作

2)防治措施

(1)施工过程中对给排水管件先进行清洗或安装完成后安装堵头作密封处理。

(2)施工过程中要严格控制管道配件安装的方法。合理正确使用设备。

(3)施工过程中要对预埋及隐蔽管道作标示提醒处理,以免交叉施工破坏。

4.8.10 电气安装不规范,未达到使用功能

1)原因分析

(1)配电箱内标注不明,无法知道其使用功能。

(2)灯具开关插座高矮不一,安装时未统一高程。

(3)接零或接地保护未安装。

(4)施工细部处理不好或安装顺序不对,开关插座合缝隙较大。

(5)施工人员未整理电线电缆,配电箱内电线电缆杂乱无章。

(6)导线连接处未作保护处理。

(7)电缆桥架未作接地处理。

(8)多根导线接在同一接线端子之上。

(9)开关插座中拱头接线,造成开关插座短路。

2)防治措施

(1)要求施工人员熟悉穿线配线接线等操作规范,施工中加强监督检查。

(2)准确定位确定开关插座配电箱高程。

(3)安装开关插座配电箱时要注意细部处理,分层填充,保证周边无缝隙。

(4)安装完成后要检查接地接零保护是否有效。

(5)电线电缆不得混接,拱接 。

(6)安装完成后要对配电箱内进行标注,使使用明确安全。

4.9 绿化工程

4.9.1 高速公路绿化监理不专业

1)原因分析

在高速公路绿化过程中，绿化监理往往包含在土建监理的工作中，没有形成绿化工程的专业监理，这样就使得绿化监理缺乏必要的景观绿化专业知识和监理经验，对绿化工程施工过程中的监理不到位，无法及时发现和解决存在的问题，不能形成有效的监理制度。

2）防治措施

提高绿化工程在公路工程中的重要性，把绿化监理从土建监理中划分出来，使用专业的绿化监理公司进行监理，提高公路绿化监理人员的素质和专业技能。保障绿化工程的合理工期和工作场地。

4.9.2　中央分隔带绿化防眩效果差

1）原因分析

（1）种植土回填随便，多数回填土达不到种植土的标准，土壤养分和结构不适合植物生长，有些保水性差，有些容易板结。

（2）种植植物的规格达不到设计要求标准，起不到防眩效果。

（3）植物种植后的养护跟不上，导致苗木枯黄甚至枯死。

2）防治措施

（1）回填的种植土必须满足植物的生长，厚度符合设计要求。

（2）植物规格必须满足设计要求，保证植物前期的效果。

（3）在苗木种植后及时养护施肥修剪，保证苗木后期的生长成活率，以保证防眩效果。

4.9.3　边坡普通液压喷播绿化覆盖率低、长势不好

1）原因分析

（1）施工过程中施工单位为了节约成本而不按设计图纸的草种及灌木的配比种植。

（2）同时也不按设计的施工程序进行施工，这样就导致了灌木成活量少，坡面稳定性差。

2）防治措施

（1）施工前认真的按照草灌配方进行配比。

（2）按照施工工序进行施工，先点播灌木，等灌木生长到10cm左右再喷播草种，提高灌木的比例，增加边坡覆盖率。

（3）施工过程中监理必须到场监督。

4.9.4　边坡客土喷播绿化覆盖率低、长势不好

1）原因分析

（1）施工单位为了节约陈本不按设计对基材进行配比，同时喷播的基材厚度达不到设计厚度，导致基材配比不合理，无法对植物的后期生长提供足够的养分等。

（2）施工单位在施工完成后不进行养护，致使植物后期生长的水分营养不足，导致植物生长不茂盛、覆盖率低，达不到稳固边坡坡面作用。

（3）当施工时间在秋末、冬季时，植物发芽率降低，同时气候干旱多风气温低，不利于植物成活和根系生长，造成部分植物死亡、长势不好。

2）防治措施

(1)施工单位必须购买正规厂家的镀锌铁丝网,在挂网时认真检查锚杆的数量及挂网的质量。

(2)在喷播基质时严格按设计的配方进行配比,并且基材的厚度必须达到设计厚度,同时草种灌木的品种数量也应严格按照设计执行。

(3)在喷播完成后养护要到位。

(4)尽量在春夏秋初施工,冬季施工应当加大养护力度,保证苗木的生长、成活。

4.9.5 边坡植生袋绿化施工存在植物生长不茂盛、覆盖率低的问题

1)原因分析

(1)施工单位不按设计的基材进行配比装袋,就地使用土建单位挖方边坡的弃土装袋,导致了苗木生长不好。

(2)装袋过程中植生袋的饱满不一、码放不平整,导致坡面不平容易垮塌沉降。

(3)施工单位在施工后不进行养护,导致了植物后期的水分营养等不足,使植物生长不茂盛、覆盖率低,达不到稳固坡面作用。

2)防治措施

(1)施工单位必须购买符合设计标准的植生袋。

(2)现场装袋的种植基材必须严格按照设计的配比装袋,装袋过程中必须饱满码放整齐。

(3)养护必须按照规范进行。

4.9.6 高速公路立交区绿化和服务区绿化效果差

1)原因分析

(1)种植土回填不按照设计要求,就地取材,多数回填土的营养跟不上植物生长和容易板结。

(2)设计水平不高,同时使用的植物品种较少,缺乏精品意识。

(3)施工过程中对景观效果把关不严,苗木使用规格、冠幅、景观效果缺乏设计现场监督、优化。

(4)工程完成后,养护管理没有按照国家相关养护规范进行,养护简单粗放,缺少监督检查,导致苗木长势衰弱甚至枯死,绿化景观效果差。

2)防治措施

(1)回填的种植土质量必须达到满足植物的生长的要求。

(2)设计施工应当强化景观效果的把控,梳理精品意识,植物规格必须满足设计要求,保证绿化景观前期的效果。

(3)在工程完工后,按照相关要求标准进行养护,及时浇水、施肥、修剪等,保证苗木后期的生长和景观效果。监理、设计定期进行检查监督,发现问题及时整改。

第5章　公路工程项目建设管理标准化基本要求

5.1　制度建设要求

各参建单位均应建立健全项目建设管理制度，并确保正常运转。

5.1.1　培训制度

（1）高速公路项目应建立三级（建设、施工、作业队）教育培训制度，并切实对进场人员逐级进行业务培训。

（2）项目部应建立由项目主管领导负责的“职民工夜校”，并由项目专业技术人员、优秀技术工人或聘请其他专家组成师资队伍进行授课。

（3）职民工教育培训的重点为安全、工种技能、质量要求知识等，突出适应现场生产需要的技能和能力培养；同时要开展法律法规知识、职业道德、文明生活知识等培训。

（4）教育培训应建立痕迹化管理制度，培训记录应有授课老师和学员签名后归档备查。

5.1.2　施工技术交底制度

工程施工前必须进行技术交底，交底记录应作为原始技术资料归档备查。

1）技术交底主要内容

（1）合同文件、设计文件、规范规程。

（2）分部和分项工程的施工特点、施工技术方案、施工措施、工艺工法及操作规程、质量要求。

（3）施工安全、环保方案。

（4）各单位在施工中的协调配合、机械设备组合、交叉作业及注意事项。

2）技术交底方式

（1）技术交底应按不同层次、不同要求、不同对象、不同方式进行。

（2）项目经理部的技术交底工作由项目经理组织，项目总工程师主持实施，向施工技术队长及各专业工程师交底。

（3）施工队技术负责人负责组织向本责任区内的技术员、施工员、质量检查员、安全员以及班组长进行交底。

（4）施工员向班组的交底工作，是各级技术交底的关键，要结合具体操作部位，贯彻落实上级技术领导的要求，明确关键部位的质量要求、操作要求及注意事项，细致地向操作组进行交底，必要时应作文字交底或示范操作。

(5)对于分包工程,项目经理部应向分包单位详细地就承包合同中有关技术管理、质量要求、工程监理和竣工验收办法以及合同规定中双方应承担的经济合同法律责任等内容进行全面交底。

5.1.3 首件工程认可制度

(1)“首件工程认可制度”是指在部分单项工程开工前,按批准的施工技术方案先完成首件工程,随后对首件工程的各项质量指标进行检测,并对施工工艺、技术、质量标准指标进行综合评价,确定最佳工艺和控制指标后,再对施工技术方案进行修改完善,然后下发批量生产。

通过实施首件工程,可以建立某些分项工程形象的、直观的、必须达到的标准。达到直接验证施工单位施工技术方案的可行性,检查施工人员、施工机械设备等在施工过程中的整体配合效果、所用施工机械作业效果、质量保证体系运转情况、安全制度体系及环保制度体系实施效果等。

(2)“首件工程认可制度”以施工标段为基本单位分别进行,凡未经首件工程认可的单项工程,一律不得批量生产。

(3)“首件工程认可制度”的实施程序。

a.首件工程的每道工序要制订详细施工技术方案和施工作业指导书,提供质量保证体系,确定自检体系和质量责任人,明确检测方法、检测概率以及重点、难点部位的控制措施。监理工程师据此制定相应的监理实施细则,明确监理责任人。

b.施工方案审批。驻地监理工程师审批施工单位提交的施工技术方案、施工作业指导书、质量保证体系等。对于重大的、复杂的、采用新技术、新工艺的分项工程,应签署审批意见后上报总监理工程师批准。

c.工程实施。

首件工程施工实施时,项目经理、项目总工要亲自盯岗,认真负责,以确保应严格按照批准的施工技术方案进行施工,监理人员必须对所有的首件工程全过程旁站,并做好相应记录。对实施过程中发现的问题应及时会同有关方面,提出可行的调整处理方案,以保证其顺利实施。

d.评价认可。

首件工程完成后,由驻地监理组织进行检测、验收和评定。施工单位应对已完成的首件工程的施工工艺和质量进行综合评价,提交总结报告。由监理组织有关人员对其进行分析、研究,验证施工工艺的可靠性、合理性、提出改进意见,并形成评审会议纪要。分项工程评分未达到98分以上的不能视为首件工程。

e.确定最终方案。

首件工程经评审通过后,施工单位、监理工程师应根据评审报告进一步完善施工和监理实施方案作为最终方案,在此基础上审批分项开工报告。

f.首件工程检验评定达标后,由监理组织召开现场会,全面推广,以保证后续工程质量水平不低于首件工程质量标准。

(4)实施首件工程的项目。

a.路基工程：土方路基、石方路堤、土石混填路堤、排水工程、防护工程、砌体工程。

b.路面工程：底基层、基层、沥青混凝土上面层、中面层、水泥凝土路面层、路缘石。

c.桥梁工程：钢筋加工、墩(柱)、盖梁、预制梁、预应力张拉压浆、梁板安装、现浇连续梁、桥面铺装、防撞护栏、伸缩缝、台背回填。

d.隧道工程：洞身开挖、喷射混凝土支护、锚杆支护、钢支撑、衬砌钢筋、衬砌混凝土、防水板、仰拱和路面工程。

e.交通工程：闭路电视监视系统(含外场和隧道内)、计算机网络(线缆传输、交换机)、光电缆线路、视频事件检测系统(含外场和隧道内)、入口车道设备及流程、出口车道设备及流程、ETC车道设备及流程、照明设施(照度及控制功能)、通风设施(断面风速及控制)、微波车辆检测器(或视频车辆检测器)、消防设施、本地控制器、紧急电话与广播系统、可变标志(含外场和隧道内)、隧道管理站设备与软件、隧道管理站计算机网络、护栏立柱安装、缆索护栏缆索架设、路基混凝土护栏、标志板制作、标志基础、标线施划、突起路标安装、隔离栅基础、预制隔离栅混凝土立柱。

f.绿化工程：中央分隔带绿化、植生袋基材装袋和码放、客土喷播、草坪施工。

5.1.4　施工工点质量保证体系

(1)为规范日常管理，加强施工过程管理，严格工序交接，明确工点质量责任和自检体系，各参建施工单位必须建立健全施工工序质量保证体系，确保施工管理质量。

(2)在施工的质量管理活动中，严格执行三级质量保证体系：

a.工班长自检。各工班长为一级质量负责人，工班完成作业后，工班班长首先自检，经自检合格后，填写工序交接单，移交下一作业工班班长。

b.工班互检。下道程序工班班长接到工序交接单后，检查合格后方可移交专职质检员；不接受时，由上道工序工班长整改直至合格。

c.专职质检员专检。下道工序班长签认工序交接单后，报工点专职质检员验收合格后，报工程技术部负责人及项目总工；一般工程由工程技术部负责人负责，重点工程由项目总工负责。经同意后报监理工程师审批。不合格，返工处理。

(3)质监负责人及各工点专职质检员必须经项目法人培训，考核合格后持证上岗。质检员对工程管理具有事前介入权、事中检查权、事后验收权、质量否决权，直接对项目经理负责。质检人员更换必须报项目法人审批。

(4)各施工工点施工队队长、施工负责人(工长)、现场技术员及项目生产副经理负责管理责任，同时，必须严格执行质检人员的检查意见。

(5)监理工程师负责监督施工单位质量保证体系的正常运转：

a.监理工程师未见施工单位工序交接单，可拒绝检查验收。

b.对于隐蔽工程等执行监理旁站制度的工序交接，旁站监理员应签认后，方可报专业监理工程师。

c.监理工程师有权对不负责任的质检人员清退出场。

d.工序交接单纳入监理工程师的施工过程监理，并归档留存。

5.1.5 工程质量综合评比制

(1)高速公路项目应按照《云南省高速公路建设工程质量监督综合评比办法》积极开展质量综合评比活动。

(2)建设指挥部应对施工、监理、检测等单位的质量管理行为定期开展检查评比活动。

(3)监督机构重点对建设、监理、检测等单位的质量行为、工程实体、原材等进行检查评比,并对施工单位的质量管理行为进行抽查。

5.1.6 模板准入制度

(1)建设单位应建立项目混凝土构件模板准入制度,针对混凝土模板的制作、验收等形成管理措施。

(2)对模板的设计、加工、验收进行管理,使各类混凝土结构工程使用的模板(包括隧道工程二次衬砌施工台车)按批准的加工设计图进行制作,成品经检验合格后才能投入使用。

(3)模板存放场地必须平整,堆放应整齐。模板使用时必须涂刷混凝土脱模剂或隔离剂,严禁使用废机油,每次拆模后应及时进行除污和防锈并及时进行保养和维护。

5.1.7 施工分包管理

(1)施工分包活动必须符合现行法律、法规及交通运输部《公路工程施工分包管理办法》规定,依法进行专业分包。

(2)分包活动实行统一管理,分级负责。

(3)分包人不得将分包工程再进行分包。

(4)分包工程的施工单位对分包工程的质量、安全和进度等实施有效控制。分包人对其分包的工程向承包人负责,并就所分包的工程向发包人承担连带责任。

(5)分包单位项目管理机构应当具有与分包工程规模、技术复杂程度相适应的技术、经济管理人员,其中项目负责人和技术、财务、计量、质量、安全等主要管理人员必须是与其签订了合法劳动合同,并为其办理了人事、工资和社会保险关系的人员。

(6)除施工分包以外,承包人与他人合作完成的其他以劳务活动为主的施工活动统称为劳务合作,劳务合作不属于分包。承包人应当按合同约定对劳务合作企业的劳务作业人员进行管理。劳务作业人员应当具备相应资格,经培训后上岗,并按规定办理工资和相应。

5.2 现场施工质量控制重点

5.2.1 通用要求

(1)钢筋安装依据结构或构件钢筋设计图,采取定位架或临时劲性骨架等钢筋定位措施。同一构件直径 25mm 及以上 HRB335 钢筋的连接必须采用镦粗直螺纹或滚轧直螺纹等机械连接接头,不得采用焊接连接。

现浇梁在安装腹板和底板的连接钢筋时,连接钢筋与腹板和底板钢筋的连接必须采用焊接方式，不得采用绑扎连接。

悬臂式现浇梁各节段纵向钢筋连接接头必须错开布置，配置在焊接接头长度区段内（35 倍钢筋直径长度范围内，且不得小于 500mm），接头的截面面积不得大于总截面面积的 50%。

（2）钢筋保护层必须使用定型模具和专用机械加工生产的混凝土垫块，其强度不得低于使用部位的结构混凝土强度。钢筋混凝土构件底面应采用梅花形垫块；钢筋混凝土构件立面应采用绑扎圆饼形垫块，垫块半径应符合保护层设计厚度，中心穿于主筋上。

普通墩柱混凝土必须在墩身周边包裹薄膜、顶部配置蓄水桶进行滴漏养护；桥梁翻模施工高墩养护必须采用在墩身周边包裹土工布并结合喷淋洒水（在底节模板底部周边设置喷淋水管）或喷洒养护剂的方法进行养护。

（3）结构施工缝凿毛施工必须使用专用凿毛机，凿毛时混凝土强度应符合规定要求。

（4）预应力钢筋混凝土结构或构件的配合比试验，除强度指标外，还必须进行弹性模量指标试验，以作为构件张拉时间的依据。

5.2.2　桥隧工程专用要求

（1）支座垫石的混凝土强度应符合设计要求，不得采用砂浆找平，顶面应平整、高程应精确。支座安装、梁体架设前，必须对垫石顶面高程、平整度和四角高差等指标进行检查。

支座在使用前，必须对其规格和技术性能进行核对检查，不符合设计要求的不得使用；支座在安装时，必须检查核对支座在顺桥向和横桥向的方向、位置，避免反置。

梁体预制时，必须采取措施保证梁底支座预埋钢板埋设倾角符合梁体所处位置的设计纵坡要求。

（2）预制梁施工模板工程应符合下列要求：

a.模板必须采用标准化整体钢模，面板厚度不得小于 6mm；预制箱梁及空心板梁芯模必须使用定型模板，不得使用气囊制作的芯模。

b.整体式模板侧模加劲竖梁的设置必须保证翼缘预留环形钢筋安装质量符合设计要求。

c.有横坡变化的翼缘板模板必须设置调节螺杆。

d.翼缘梳形模板应采用组合型钢或设置加劲肋（10mm 及以上厚度的钢板）的加工制作。翼缘板钢筋安装后，预留环形筋外侧应采取型钢压条等定位辅助措施，防止混凝土浇筑时环形筋变形。

（3）每个预制场在第一榀梁张拉完成后，均必须委托具有资质的检测单位对其进行锚下应力状态的检测，对张拉质量进行评价。在预制梁的生产过程中，必须按预制梁总数量 1% 且不少于 3 个构件的频率，随机抽取预制梁进行预应力检测。

（4）二次衬砌混凝土浇筑时，拱顶必须预留注浆孔，注浆孔间距应不大于 3m，且每模板台车范围内的预留孔不得少于 4 个。

（5）复合式隧道路面水泥混凝土下面层施工必须配置三轴式整平机或滑模摊铺机。

5.2.3　路基路面工程专用要求

（1）路基填筑必须执行白灰打格布料和挂线施工，严格控制填层厚度。

(2)路堑石质边坡距设计坡面3~5m范围内必须采用光面爆破技术,采用潜孔钻打眼;光爆后,应立即清刷边坡,从开挖线往下分级刷坡,下挖2~3m时,应对新开挖坡面刷坡。

(3)桥梁桥台、涵洞和挡土墙等结构物的回填必须采用天然砂砾或级配碎石等符合设计要求的材料;填层厚度必须根据压实设备和工艺试验进行确定,并将每一层摊铺厚度标志于结构物上。

(4)沥青混凝土透层和黏层沥青洒布必须采用配有电脑控制洒布量和导热保温装置的沥青洒布车。洒布时沥青必须呈雾状。

透层油施工必须根据透层油类型确定洒布工艺,当采用高渗透乳化沥青时,透层油应紧接在基层碾压成型后表面稍变干燥,但尚未硬化的情况下喷洒;当采用煤油稀释沥青时,应在水稳层用土工布覆盖养护3~4天后及时洒布。半刚性基层透层油渗透入基层的深度不得小于5mm。

(5)沥青供应必须实行检验合格进库制度和车辆运输验收封条制度。

改性沥青储存罐中必须配置搅拌设备,使用前应搅拌均匀。施工过程中,必须定期取样检验产品质量,发现离析等质量不符合要求的改性沥青禁止使用。抗剥离剂必须按试验得出的掺量采用泵力循环搅拌法、强制搅拌法或支管掺配法等方法进行掺配,抗剥离剂的掺配必须均匀。

(6)沥青混凝土拌和楼控制室必须逐盘打印沥青及各种矿料的用量和拌和温度,并定期对拌和楼的计量和测温进行校核(沥青计量设备的校核每月不少于两次);没有材料用量和温度自动记录装置的拌和机不得使用。

(7)沥青混合料的压实必须有足够数量的压路机,初压和复压均不得少于两台;碾压段的长度,初压应控制为20~30m,复压及终压为50~80m。SMA混合料严禁使用轮胎式压路机进行碾压。

初压、复压、终压段落必须设置明显标志。对松铺厚度、碾压顺序、压路机组合、碾压遍数、碾压速度及碾压温度,路面施工单位和监理单位都必须设专岗管理和检查。

5.2.4 机电工程专用要求

(1)设备选型时,要关注设备的可靠性、维护方便性和维护成本,同时考虑设备的升级能力和可扩展性,避免系统过早淘汰。对新型设备,要求设备功能和性能指标符合招投标文件技术要求,且与现有监控、收费、通信系统兼容。

(2)加强进场设备材料的检测,要求提交全部产品合格证、材质化验单,对主要进口产品要求提供海关进口检验证明及商检证明,通过核对序列号真伪等方法进行检查避免贴牌产品、水货进入工地现场。

(3)实施关键工序首件两会制,对关键分项工程或工序事前召开交底会,事后召开总结会。关键分项过程或工序要选取一个区段或一个点作为首件工程进行示范操作,监理单位对首件工程进行现场监督、现场检测。检测重点是设备安装质量和隐蔽工程质量。结合首件工程取得的经验,通过总结,制订可操作性强的施工方案,经业主、监理同意后全线推广。

(4)重视外场设备基础质量检测,外场设备基础施工前,严格水泥混凝土配合比试验、地脚螺栓的含碳量试验;外场设备安装前,严格大型结构件的焊接探伤、金属件防腐层厚等。

对施工中易出现的质量问题,盯住不放,采取提前预防、及时检查等措施,加强自检,严把材料质量关,最大限度地消除质量通病。

(5)注重设备及系统调试,包括设备安装前加电测试、安装过程检测、安装后测试、设备单机调试、子系统调试、系统联调等环节。调试时要先单机后联调,逐台逐项百分之百地进行功能调试、逐台逐项检测,不能遗漏,以确保整个系统有效运行。

(6)切实加强软件的质量控制工作,现阶段我省机电工程软件,常出现编写未按照招投标文件的要求逐项实现的现象,特别是对突发紧急事件(火灾、恶劣天气)的处置,监控中心软件未设置预案,不能有效疏导交通流,并提示后续车辆;ETC 收费软件达不到规范要求等。建设单位应严格要求施工单位,提出软件需求,并逐条进行验证。同时应做好软件系统构架设计,数据集中存储、分布使用,以达到数据共享,提高系统的使用效率和数据的使用效率,提高软件系统的集成度。

(7)提倡“精细化管理”的思路。“精细化管理”,精就是精髓,要在施工过程中抓住问题的关键,细是细节、最小的工作单元。机电工程精细化管理就是将管理的关键对象逐一分解、量化为具体的数字、程序、责任,并用制度、标准规范下来,努力实现管理结果的科学高效;充分发挥监理工程师的作用,有针对性地解决机电工程各工序质量通病,全面提高机电工程的稳定性和外观质量。

(8)加强施工期间检查及完工测试检查。严格按规范要求加强施工各阶段各环节的检查检测工作。

5.2.5　交通安全设施工程专用要求

(1)所有带防腐涂层的构件不得因运输、施工造成防腐层的损伤。

(2)护栏立柱埋入深度应不低于设计值,如果存在路缘石,立柱埋深还应考虑路缘石的高度。

(3)波形梁板和立柱不得在现场焊割和钻孔。

(4)应选用合适的立柱打桩机,同时保证结构预埋件和立柱孔洞统一,施工中放线的位置和高程控制精准,以确保护栏竖直度、顺直度满足要求,同时禁止切割减少立柱的打入深度。

护栏板应通过拼接螺栓相互连接成纵向横梁,并由连接螺栓固定于防阻块、托架或横隔梁上。立柱间距不规则时,可使用调节板进行调节,不得现场切割护栏板。拼接螺栓应采用高强螺栓。所有螺栓的耐盐雾腐蚀性能应能满足标准要求。

(5)应根据气温和混凝土强度确定混凝土护栏的拆模时间,一般现场浇筑混凝土护栏可在混凝土终凝后 3~5 天拆除侧模,预制混凝土护栏拆模时混凝土强度不应低于设计强度的 70%。

(6)混凝土护栏施工时,不得损坏已完工的超高路段纵向排水沟、集水井、盲沟及管线等设施。

(7)标志基础的地基承载力应满足设计文件的规定。设计文件中未规定时,地基承载力不得小于 150kPa。浇筑混凝土时,应注意准确设置地脚螺栓和底座法兰盘。

(8)标志立柱必须在基础混凝土强度达到设计强度的 80%以上时才能安装。

(9)标志板下缘至路面的净空高度及标志板内缘距公路边缘线的距离应满足设计文件的要求。

(10)标志反光膜应在干净、无尘土,温度不低于18℃,相对湿度为20%~50%的车间内进行粘贴。反光文字符号应采用电脑刻绘机来完成,标志底模应在专用的真空热敏压贴机或连续电动辊压贴膜机上完成贴膜。文字符号一般采用转移膜法粘贴。

反光膜应尽量减少拼接,当不能避免接缝时,应使用反光膜产品的最大宽度进行拼接,接缝以搭接为主。当需要滚筒粘贴或丝网印刷时,可以平接,其间隙不应超过1mm。在距标志板边缘50mm范围内,不得拼接。

(11)在雨、雪、沙尘暴、强风、气温低于规定温度的天气,不应施划交通标线。正式施划标线前应进行试划,以检验热熔涂料的熔料温度、划线车的行驶速度、线宽、标线厚度、玻璃珠撒布量是否满足要求。调试合格后才能正式施工。

(12)应保证突起路标底部和路面的清洁干燥,并选用质量优异的黏结剂粘贴突起路标。突起路标就位后,应在其顶部施加压力,排除空气,调整就位。

(13)隔离栅基础混凝土强度达到设计强度的70%以上时,可安装隔离栅网片,隔离栅网片安装完毕后,应对基础周围进行夯实处理。

(14)对于刺钢丝,应从端头立柱开始安装刺钢丝,刺钢丝之间应平行、平直,绷紧后应与立柱上的挂钩牢固绑扎,横向与斜向刺钢丝相交处也应绑扎牢固。

5.2.6 绿化工程专用要求

(1)回填种植土配合比必须满足植物生长需求,回填厚度满足设计要求。

(2)植物的品种规格必须满足设计要求,土球完好、无病虫害。

(3)植生袋、镀锌铁丝网、锚杆、植物种植等应确保质量合格,同时满足设计要求。

(4)客土喷播的基材配合比要满足设计要求,喷播厚度达到设计厚度,草灌种子配合比合理。

(5)植生袋施工时,现场拌和的基材严格按照设计配比,装袋饱满,码放整齐平整。

(6)施工完成后要重视养护,根据植物的生长需求浇水、施肥、修剪、除杂草等。

第6章　竣工文件及档案归档

6.1　基本要求

公路建设项目文件材料编制分两阶段编制。第一阶段从项目开工至交工验收前为竣工文件编制过程，第二阶段从项目交工验收前至竣工验收前为档案归档编制过程。保证形成的竣工文件具有真实性、完整性、系统性、原始性、规范性、及时性。

编制依据包括：交通运输部及国家有关部门的相关的法律政策、技术规范和标准、指导性文件；《云南省公路工程竣工文件编制及立卷归档实用范本》（以下简称《范本》）、《云南省公路工程建设用表标准化指南（试行版）》（以下简称《标准化指南》）。

6.1.1　资料室硬件设置

建设单位督促各参建单位建立专用档案库房，配备相应档案柜和其他设施。专用库房做到防盗、防火、防光、防潮、防尘、防污染、防有害生物等，并建立相关制度，确保档案的安全。

6.1.2　档案资料归档及编制

按照《关于印发公路建设项目文件材料立卷归档管理办法的通知》（交办发〔2010〕382号），并结合《范本》附录5《公路工程项目文件归档范围及保管期限》完成各参建单位的归档及编制内容。

6.2　竣工文件编制要求

6.2.1　竣工资料项目管理要求

1）施工准备阶段

（1）建设单位。

a.负责整个建设项目的文件材料立卷归档的管理工作。分级明确管理机构、管理人员和管理责任。

b.建设单位应将项目文件材料预立卷归档工作纳入招标制和工程建设标准化管理程序。

c.建设单位应在工程开工初期，成立项目文件材料收集整理领导小组，对文件材料的收集、整理、立卷归档进行部署和组织培训，并根据工程项目的特点，统一规范收集、整理、立卷归档的各项工作。

(2)监理单位。

监理单位应按《范本》的要求,建立项目文件材料收集、整理、归档责任制,落实机构和人员。

(3)施工单位。

各合同段项目经理为施工资料收集、整理和立卷归档工作第一责任人,必须设置专门机构和人员,落实责任制。

2)施工阶段

(1)建设单位。

建设单位在建设过程中做好督促、检查工作,对归档的文件材料与工程建设同步收集、同步整理、同步归档,保证项目文件材料收集、整理、立卷归档的及时、准确、完整、系统和安全。

(2)监理单位。

a.监理单位应按《范本》的要求,完成责任范围内监理文件材料的收集、整理、立卷归档工作。

b.监理单位应督促、并定期检查监理范围内各施工单位项目文件材料的收集、整理、立卷归档工作。对施工单位项目文件材料立卷归档的质量负监理审查责任。

(3)施工单位。

施工过程中,对已办理分项工程中间交工验收的,应及时将资料整理后,按预立卷的要求分类存放,做到工程与资料归档同步完成。

3)交工验收阶段

交工验收前,完成《范本》附录5《公路工程项目文件归档范围及保管期限》第三、四、五部分(不含缺陷责任期资料)内容的收集、整理及归档工作。具体为:建设单位完成第五部分科研、新技术资料编制工作;监理单位完成第三部分监理资料编制工作;施工单位完成编第四部分施工资料编制工作。

6.2.2 编制流程要求

1)公路工程项目文件材料收集

(1)单位、分部、分项工程划分是工程质量、数量、进度、合同等管理的基础,是收集整理文件材料能达到具有层次性、规范性、系统性的重要环节。划分工作应在项目准备阶段或开工初期完成,按《公路工程质量检验评定标准》(JTG F80—2004)附录A要求,并结合工程实际进行划分。划分应按程序管理的要求,办理报批手续。经批准后,施工单位和监理都必须严格执行,对工程质量的中间检验评定和今后的竣工验收均以此为依据。

(2)按《公路工程质量检验评定标准》(JTG F80—2004)提出的工程质量评定体系对工程竣工资料进行分类、整理。按工程质量检查、验收、评定的总体思路对每一分项工程的资料文件进行整理,从资料的原始性、完整性等能够很好地反映分项、分部、单位工程以及合同段的工程质量。各施工、监理单位对施工、检查中所形成的施工原始记录要依据施工段落、时间、施工工序进行编排，按评定标准的规定划分为分项工程、分部工程、单位工程、合同段，以分（单）项工程为编制单元，逐个编排分项（单项）施工原始记录及其他有关文件资料，所有资料不能相互交叉整理，按分项工程归入到相应的分部工程、分部工程归入单位工程的方法逐步、逐层进行汇总。

（3）按预立卷目录内容和单位、分部、分项工程划分，将建设过程不同阶段的文件材料进行收集整理和归档。“综合文件”及“决算和审计文件”原则上应是原件，“监理资料”和“施工资料”要与竣工工程相符。

2）公路工程项目文件材料预立卷编制

项目开工后，建设单位根据项目建设内容，施工和监理单位根据工程项目规模和特点，按本合同全部工程及单位、分部、分项工程划分顺序详细编制预立卷目录。按照《范本》附录7《公路工程项目文件材料预立卷目录》完成各参建单位预立卷目录。预立卷目录、案卷目录、卷内目录可依据工程进展情况进行补充和修订。

（1）建设单位完成第一部分综合文件预立卷目录、第二部分决算和审计文件预立卷目录、第五部分科研、新技术资料预立卷目录编制。

（2）监理单位完成第三部分监理资料预立卷目录编制。

（3）施工单位完成编第四部分施工资料预立卷目录制。

3）案卷目录的编排

（1）“监理资料”和“施工资料”经过建设单位审核之后，在预立卷的基础上进行组卷，拟定《案卷目录》。

（2）编制部门依据竣工文件编制领导小组所编制的参建单位预立卷目录，编制部门案卷目录。

（3）在预立卷收集、整理基本完成后，完善预立卷目录，按册、分册、卷进行组卷；组卷完毕后，填写《案卷目录》。

4）组卷

按照文件材料的自然形成过程并保持其内在有机联系，进行系统化整理组卷，要做到分类科学，便于保管和利用。

（1）综合文件：立项审批阶段文件材料根据审批事项内在联系分别整理组卷；勘察设计阶段文件材料按照设计的不同阶段和专业分别整理组卷；招投标及合同文件材料按照招投标工作程序和合同内容分别整理组卷；工程准备阶段文件材料按照审批事项及相关手续办理过程分别整理组卷；工程试运行及竣工验收工作文件材料按照检测观测记录及报告、缺陷整改情况、各专项验收和竣工验收工作内容分别整理组卷。

（2）施工文件材料：原材料质量保证文件、配合比设计文件属单位（分部、分项）工程专用的，按单位（分部、分项）工程，分别集中整理组卷；施工原始文件，包括就工序施工质量控制问题印发的整改指令性文件及相关整改报告等，均应按照分项（分部、单位）工程，结合施工工序，归入相应部分分别整理组卷；竣工图按照专业、图号分别整理组卷；施工日志按照合同段结合时间集中整理组卷。

（3）监理文件：监理管理文件以监理合同段为单位，按照依据性文件、合同管理文件、工程质量控制文件、安全管理文件、计划进度控制文件、费用控制文件等分别整理组卷；平行试验及独立抽检的文件材料按照单位工程分别整理组卷；旁站监理记录按施工合同段整理组卷；监理日志按照监理机构和形成时间整理组卷。

(4)工程管理文件材料按照问题结合时间分别整理组卷。

(5)变更文件以合同段为单位，按照变更文件编号依次汇总整理组卷。

(6)计量支付报表与附件、计划进度报表按照合同段结合时间分别整理组卷。

(7)案卷盒组卷格式。案卷外封面、案卷脊背、案卷内封面、卷内目录、备考表等标准格式，按照《范本》第7.6节编制。

5)公路工程项目文件质量要求

公路工程项目文件材料的收集、预立卷、预立卷目录说明、组卷的基本要求、归档文件材料的质量要求，按照《范本》第7.1节~7.5节编制。

6)公路工程建设用表分类

按照《标准化指南》确定的监理、合同管理、施工原始记录、工序检查记录、质量检验评定、测量及其他等七类996张表进行分类。

6.3 公路工程项目文件归档范围及保管单位

6.3.1 归档范围

按照《关于印发公路建设项目文件材料立卷归档管理办法的通知》(交办发〔2010〕382号)并结合《范本》附录5《公路工程项目文件归档范围及保管期限》的规定和要求，确定文件材料收集范围，完成各参建单位编制内容。

6.3.2 保管单位

1)纸质文件保管单位

(1)国道高速公路建设项目文件由省交通运输厅档案部门保管，增加的竣工图表提交管养单位保管。

(2)云南省公路开发投资有限责任公司负责承建的公路建设项目文件由该公司档案部门保管，增加的竣工图表提交管养单位保管。

(3)云南省公路局负责承建的公路建设项目文件归该局档案部门保管，增加的竣工图表归管养单位保管。

(4)各地州、市负责承建的公路建设项目文件归各地州、市交通运输局档案部门保管，增加的竣工图表归管养单位保管。

(5)实行其他建设管理方式承建的公路建设项目文件，提交主管单位档案部门保管。

2)电子文件保管单位

(1)高速公路和一、二级公路建设项目文件提交交通运输厅档案部门、主管单位、建设单位、管养单位各一套。

(2)有关单位或部门如有需要,可另行增加。

6.4　公路工程项目文件保管期限

(1)归档文件的保管期限一般分为:永久、长期(30 年、10 年)。个别文件材料根据利用价值按实际情况确定保管期限。

(2)归档文件的密级根据国家及交通运输部有关保密规定确定。

第 7 章　公路工程质量督查、竣(交)工检测及鉴定

7.1　前言

按照《公路工程质量监督规定》(交通部令〔2005〕第 4 号)、《公路工程质量监督检查办法》(质监公字〔2005〕10 号)、《云南省公路工程质监监督检查办法(云交质〔2008〕116 号)》、《公路工程竣(交)工验收办法》(交通部令〔2004〕第 3 号)及《公路工程竣(交)工验收办法实施细则》(交公路发〔2010〕65 号)、《关于印发公路工程竣工质量鉴定工作规定(试行)的通知》(厅质监字〔2012〕25 号)中的有关规定及要求,在建设项目的施工期质量监督、交工检测、竣工检测三个阶段中,规范、有序地进行工程质量检查、检测及鉴定工作。

7.2　施工期质量督查

7.2.1　督查工作内容及程序

1)督查工作内容

公路工程质量监督是指依据有关法律、法规、规章、技术标准和规范,对公路工程质量进行监督的行政行为。根据《公路工程质量监督检查办法》、《云南省公路工程质量监督检查办法》的要求,完成工程项目质量管理行为、施工工艺和标准化施工、工程实体质量等方面的检查工作。具体检查内容如下:

质量管理行为检查:主要对项目基本建设程序、从业单位合同履约情况、执行质量法规和强制性标准情况、质量保证体系的建立和运转情况、从业人员资质、工程自检抽检资料等进行检查;施工工艺和标准化施工检查:主要对工程实施过程中基础环节、关键部位、重要工序、临建设施等按规范和标准化施工情况进行检查;工程实体质量检查:主要对所用原材料、成品及半成品、工程实体的质量及已完工程的外观质量、防治质量管理通病的效果等进行检查。

2)工作程序

受监督项目每年综合检查不少于 1 次,巡视检查不少于 3 次,专项检查根据施工进展情况或质量监督机构的工作需要确定。

监督检查工作的实体指标检测及原材料抽检工作可由监督机构或由其委托的具备相应

试验检测资质的检测单位完成,受委托单位在进场检测前向监督机构提交《检查实施方案》,明确检测工作要求及时间安排,经监督机构组织评审后实施。检测单位按评审后的《检查实施方案》完成检测工作,并将汇总完成的《工程质量检测报告》提交监督机构组织评审,经评审并修改完善后的正式报告作为监督机构对工程质量评价的依据。

现场监督检查结束后,监督机构要及时反馈检查结果,并对存在的问题提出整改要求及建议。同时监督机构应在 7 个工作日内以书面形式下发《抽查意见通知书》,对于重大问题或普遍存在的质量问题可由交通行政主管部门或质量监督机构以通报形式在 15 日内印发。建设单位负责对《抽查意见通知书》提出的问题及时组织进行整改和落实,并将整改结果报备监督机构;对于重大质量问题,整改完成后,必须由监督机构进行现场核实,并报送交通行政主管部门。

7.2.2　公路工程质量监督检查报告

公路工程质量监督检查报告(目录)

一、项目概况

二、检查依据

三、质量督查组织

(一)检查组织情况

(二)检查工作内容及方法

四、基本建设程序检查情况

五、参建单位质量管理和合同履约情况

(一)项目法人质量管理检查情况

(二)监理单位质量管理和合同履约检查情况

(三)施工单位质量管理和合同履行检查情况

(四)检测单位质量管理、合同履约情况

六、施工工艺和标准化控制实施情况

(一)标准化实施情况

(二)施工工艺控制情况

七、实体工程检测结果

八、督查结果基本评价和主要存在的问题

(一)基本评价

(二)主要存在的问题

九、有关建议和要求

附件:1.《抽查意见通知书》

2.《监督检查工程质量检测实施方案》(检测机构)

3.《监督检查工程质量检测报告》(检测机构)
(内容见第8章示例)

7.3 交工验收阶段质量检测

7.3.1 检测工作内容及程序

1)工作内容

交工验收是检查施工合同的执行情况,评价工程质量是否符合技术标准及设计要求,是否可以移交下一阶段施工或是否满足通车要求,对各参建单位工作进行初步评价。根据《公路工程竣(交)工验收办法实施细则》的要求完成实体抽查项目检测、外观检查、内业资料检查三个方面的工作。

实体抽查项目检测:对验收办法与实施细则规定的抽查项目进行实体检测,监督机构可根据工程实际情况增加检测、复测项目;外观检查:对工程外观进行全面检查,根据验收办法与实施细则规定的检查内容及扣分标准进行扣分,作为工程质量鉴定的依据;内业资料检查:对"公路工程项目文件归档范围"第三、四、五部分(不含缺陷责任期资料)的内业资料进行检查,根据验收办法与实施细则规定的内业资料要求及扣分标准进行扣分,作为工程质量鉴定的依据。

2)工作程序

各施工合同段(单位工程)或建设项目合同约定的工程实施完毕,经施工单位自检合格,监理单位评定合格,业主审核后向质监机构报送交工质量检测申请书。质监机构接到申请书后7个工作日内进行审核,符合要求后安排组织交工质量检测工作。

交工质量检测可以分阶段按单位工程进行检测。路面工程开工前对路基工程进行交工检测;隧道机电、消防开工前对隧道主体工程进行质量检测;项目通车前对路面、交安、沿线设施及环保工程进行交工检测;通车三个月后对机电工程进行检测;植物种植在一个生长周期后对环保工程进行交工检测,但通车前应对防眩植物进行检测。

交工验收工程质量检测工作可由监督机构或由其委托的具有相应资质的检测机构承担,受委托单位在检测前应向监督机构提交《交工质量检测实施方案》,明确检测工作内容、频率、方法等要求及时间安排,经监督机构组织评审修改后实施。检测单位按评审修改后的《交工质量检测实施方案》完成检测工作后,将《××单位工程交工质量检测报告》提交由监督机构组织评审。检测单位按评审意见修改完善后出具正式报告。监督机构根据《××单位工程交工质量检测报告》,按合同段或建设项目出具《××合同段(建设项目)工程交工质量检测意见》发送项目法人(建设单位);建设项目或合同段全部单位工程检测完成后形成《公路工程交工质量检测报告》,试通车前报送交通主管部门。

7.3.2　公路工程交工质量检测意见(发送项目法人)

公路工程交工质量检测意见(目录)

一、项目概况

(一)工程概况

(二)项目管理组织情况

二、检测依据和检测组织实施情况

(一)检测依据

(二)检测组织实施情况

(三)交工检测界面划分

三、检测内容、方法和频率

四、检测结果及评价

(一)交工质量检测结果(包括实体检测和外观检查结果)

(二)内业资料审查结果

(三)专项试验检测情况(若有)

五、存在的主要质量问题和缺陷

六、检测意见

七、相关建议和要求

附件:1.各单位工程质量缺陷清单或监督通知单

2.《交工工程质量检测实施方案》(检测机构)

3.《××单位工程交工质量检测报告》(检测机构)

(各附件内容见第 8 章示例)

7.3.3　项目交工质量检测报告(报上级交通主管部门)

项目交工质量检测报告(目录)

一、项目概况

(一)工程概况

(二)项目管理组织情况

二、检测依据和检测组织实施情况

(一)检测依据

(二)检测组织实施情况

(三)交工检测界面划分

三、检测内容、方法和频率

四、检测结果及评价

(一)工程实体检测结果(含实体检测和外观检查)

(二)外观检查结果

(三)内业资料审查结果

(四)专项试验检测情况(若有)

五、存在的主要质量问题和缺陷

(只针对项目主要、重点问题,不反映一般和具体枝节问题,可综合性反映)

六、检测结论及建议

(表明是否具备通车试运营条件)

附件:1.各单位工程质量缺陷清单或监督通知单(另附)

2.《交工工程质量检测实施方案》(检测机构)(另附)

3.《××单位工程交工质量检测报告》(检测机构)(另附)

(各附件内容见第8章示例)

7.4 竣工验收阶段质量检测

7.4.1 检测工作内容及程序

1)工作内容

竣工验收是综合评价建设成果,对工程质量、参建单位和建设项目进行综合评价。根据《公路工程竣(交)工验收办法与实施细则》的要求完成实体工程复检项目检测、外观检查、内业资料检查三个方面的工作。

实体工程复检项目检测:对验收办法与实施细则规定的带"*"的抽查项目进行复测,复测结果和其他在交工验收时的抽查项目检测结果,作为竣工验收质量评定的依据;外观检查:对交工遗留问题进行复查,并对通车试运营两年后的工程外观进行抽查,根据验收办法与实施细则规定的检查内容及扣分标准在各分部工程基础上进行扣分;内业资料检查:对"公路工程项目文件归档范围"的内业资料进行检查,根据验收办法与实施细则规定的内业资料要求及扣分标准,在合同段基础上进行扣分,最终出具检测报告。

2)工作程序

建设项目通车试运营两年以上,交工验收提出的工程质量缺陷等遗留问题已全部处理完毕并经项目法人验收合格,竣工文件已完成"公路工程项目文件归档范围"的全部内容。由建设单位负责向监督机构提交《公路工程竣工质量鉴定申请书》。由监督机构对所提交的资料进行审核后,组织公路工程质量鉴定工作。

具备竣工质量鉴定的项目,在实施鉴定工作两个月前,应先提交项目竣工质量鉴定工作方案,报部质监机构(属部和部省共同鉴定的项目);本省项目报相应交通主管部门,成立竣工质量鉴定领导组,进一步实施工程质量具体检测工作。

竣工验收工程质量具体检测工作可由监督机构或由其委托的具有相应资质的检测机构承担,受委托单位在进场检测前应向监督机构提交《竣工质量检测实施方案》,明确检测工作要求及时间安排，经监督机构组织评审修改后实施。检测单位按评审修改后的《竣工质量检测实施方案》完成检测工作后，将《××单位工程竣工质量检测报告》提交由监督机构组织评审。检测单位按评审意见修改完善后出具的正式检测报告作为监督机构对工程质量评价的依据。监督机构根据各《××单位工程竣工质量检测报告》，出具《竣工质量鉴定报告》，及时报送交通主管部门及发送项目法人。

7.4.2　项目工程质量鉴定工作方案

项目工程质量鉴定工作方案(目录)

一、工程概况

(一)建设规模、施工合同额、工程变更额、竣工决算及主要工程量

(二)工程特点、难点

(三)批准工期，实际工期

(四)合同段划分及参建单位

二、交工验收情况

(一)交工验收检测单位

(二)各合同段检测项目合格率

(三)项目检测报告的主要结论

(四)交工遗留问题

三、有关问题处理情况

(一)建设单位对交工遗留问题处理结果及评价结论

(二)建设单位或管理单位对试运营期间出现的问题处理结果及评价结论

(三)建设单位或管理单位对有关问题的专项论证报告(视需要)

(四)省质监机构对交工遗留问题、试运营期间出现问题处理效果的预检意见

(五)所依据标准及检测指标或方法有变化时，有关部门的批复

四、工程质量鉴定工作组组成及分工

五、工程质量鉴定工作

(一)工程实体检测

1.检测项目、频率、方法、执行标准及相应仪器设备。

2.拟委托的检测机构资质、有关业绩、市场信用等级等情况，主要技术人员职称、资格，是否有不良记录等。

3.时间安排。

4.现场安全保证措施及责任人。

(二)外观检查

检查内容和方式；人员及时间安排；现场安全保证措施及责任人。

(三)内业资料审查

审查内容和方式；人员及时间安排。

六、其他事项

7.4.3 项目竣工质量鉴定报告

项目竣工质量鉴定报告(目录)

一、项目概述

(一)项目概况

(二)主要技术指标

(三)工程建设组织情况

(四)参建单位一览表

二、鉴定工作依据及组织情况

(一)工程质量鉴定依据

(二)工程质量鉴定工作组织情况

三、复测指标、外观检查及内业资料审查结果及评价

(一)复测指标

(二)外观检查结果

(三)内业资料审查结果

四、交工遗留问题及处理情况

五、试运营期出现的问题及处理情况

六、工程质量鉴定评分及质量等级结论

(一)评分方法

(二)建设项目及合同段评分

(三)工程质量鉴定结论

七、意见与建议

附件:1.××高速公路合同段质量评分附表

2.××项目工程质量鉴定工作方案

3.××单位工程竣工质量检测实施方案

4.××单位工程竣工质量检测报告

……

(各附件内容见第8章示例)

第 8 章　公路工程质量督查、竣(交)工检测及鉴定报告示例

本章节虚拟一条高速公路,针对各阶段的工作内容、程序进行示例,在示例中列出了所需的主要报告、实施方案等的内容及格式,以供参考。

8.1　项目概况

8.1.1　工程概况

工程概况应包含报告所涉及工程的相关建设和工程量的主要情况,如:

××高速公路路线起点位于××,止于××,路线全长××km,全线设特大桥××座,大中桥××座,小桥××座,涵洞××道,互通式立交××处,隧道××座(单幅),沥青混凝土路面××m^2。批准概算总投资××亿元,建设工期为××年。

8.1.2　主要技术指标

主要技术指标见表 8.1。

主要技术指标表　　表 8.1

序　号	指标名称	单　位	主　线	联络线	备　注
1	公路技术等级	级			
2	路面设计年限	年			
3	设计末年交通量	辆/昼夜			
4	设计荷载	级			
5	设计速度	km/h			
6	路基宽度	m			
…	…				

8.1.3　项目组织管理情况

本项目由××高速公路建设指挥部对工程建设进行全面管理,各参建单位见表 8.2。

××高速公路项目参建单位一览表 表 8.2

工程项目	合同段	讫止里程桩号	施工单位	监理单位	设计单位	检测单位
土建工程						
路面工程						
…						

8.2 施工过程质量综合督查

8.2.1 质监机构施工阶段综合督查报告

××高速公路综合督查报告

一、项目概况

二、检查依据

三、质量督查组织

(一)检查组织情况

(二)检查工作内容及方法

四、基本建设程序检查情况

基本建设程序检查情况见表1。

基本建设程序审批情况 表1

程　　序	审批文号	审批机关	审批时间
工程可行性报告			
初步设计			
…			
施工许可证			

五、参建单位质量管理和合同履约情况

(一)项目法人质量管理检查情况

(检查内容:人员、机构设置、制度建设等方面)

(二)监理单位质量管理和合同履约检查情况

(检查内容:机构设置、制度建设、人员数量、资质及主要设备到位情况,见表2和表3)

监理单位主要人员到位情况 表2

<table>
<tr><th rowspan="2">合同段</th><th rowspan="2">监理单位</th><th rowspan="2">合同约定人数</th><th colspan="2">按合同到位情况</th><th colspan="2">人员变更情况</th><th colspan="2">符合资质情况</th><th rowspan="2">批复后不在岗人数</th><th rowspan="2">备　注</th></tr>
<tr><th>按合同</th><th>合同到位率(%)</th><th>变更人数</th><th>变更率(%)</th><th>变更后资质符合人数</th><th>符合率(%)</th></tr>
<tr><td>1</td><td></td><td></td><td></td><td></td><td></td><td></td><td></td><td></td><td></td><td></td></tr>
<tr><td>…</td><td></td><td></td><td></td><td></td><td></td><td></td><td></td><td></td><td></td><td></td></tr>
</table>

主要设备到位情况 表3

合　同　段	监 理 单 位	机械设备到位率(%)	完 好 情 况	检 查 情 况
1				
…				

(三)施工单位质量管理和合同履行检查情况

(检查内容:机构设置、制度建设、人员数量、资质及主要设备到位情况,见表4和表5)

施工单位主要人员到位情况 表4

<table>
<tr><th rowspan="2">合同段</th><th rowspan="2">施工单位</th><th rowspan="2">合同约定人数</th><th colspan="2">按合同到位情况</th><th colspan="2">人员变更情况</th><th colspan="2">符合资质情况</th><th rowspan="2">批复后不在岗人数</th><th rowspan="2">备　注</th></tr>
<tr><th>按合同</th><th>合同到位率(%)</th><th>变更人数</th><th>变更率(%)</th><th>变更后资质符合人数</th><th>符合率(%)</th></tr>
<tr><td>1</td><td></td><td></td><td></td><td></td><td></td><td></td><td></td><td></td><td></td><td></td></tr>
<tr><td>…</td><td></td><td></td><td></td><td></td><td></td><td></td><td></td><td></td><td></td><td></td></tr>
</table>

主要设备到位情况 表5

合　同　段	施 工 单 位	机械设备到位率(%)	完 好 情 况	检 查 情 况
1				
…				

(四)检测单位质量管理、合同履约情况

(检查内容:机构设置、制度建设、人员数量、资质及主要设备到位情况)

六、施工工艺和标准化控制实施情况

(一)标准化实施情况

(二)施工工艺控制情况

七、实体工程检测结果

(参照《监督检查工程质量检测报告》、《监督检查原材料抽检报告》的检测结果进行编写)

八、督查结果基本评价和主要存在的问题

(一)基本评价

(二)主要存在的问题

九、有关建议和要求

附件:1.《抽查意见通知书》

2.《监督检查工程质量检测实施方案》(检测机构)

3.《监督检查工程质量检测报告》(检测机构)

……

8.2.2 监督检查工程质量检测实施方案(检测机构)

云南××高速公路监督检查工程质量检测实施方案

1 前言

1.1 任务来源

1.2 项目概况

1.3 检测依据

2 检测内容、方法和频率要求(根据被委托检测的内容拟定)

2.1 实体检测项目、方法和频率要求

2.2 施工工艺和标准化施工要求

2.3 内业资料审查内容及要求(若委托)

2.4 增测项目和特殊检测项目(内容)(若有)

3 检测组织

3.1 检测组织及人员情况(分组)

3.2 检测主要仪器设备

3.3 时间安排

4 检测工作要求及有关事项

4.1 检测工作质量保证措施及要求

4.2 对检测数据记录、整理及报告等要求

4.3 廉政要求

5 安全保障措施及相关要求

5.1 安全保障措施依据

5.2 组织机构(根据实际情况是否要求酌情定)

5.3 具体安全保障措施和要求

6 相关单位应配合的有关事宜

6.1 指挥部

6.2 施工单位

6.3　监理和检测单位

附件:1.检测机构相关资质证明材料

……

8.2.3　附件:监督检查工程质量检测报告(检测机构)

××高速公路监督检查工程质量检测报告

1　前言

1.1　任务来源

1.2　项目概况

1.3　检测依据

2　检测组织情况

2.1　人员组织及分组

2.2　仪器设备情况

2.3　实施情况

3　检测内容、方法及频率

3.1　检测内容、方法及频率

3.2　工程实体检测抽检情况

(1)××工程抽检一览(表 1)

××工程抽检一览表　　表 1

合同段	桩号	工程部位
1		
…		

(2)……

4　检测结果及分析

4.1　路基工程实体检测结果及数据分析

(1)实体指标统计表(表 2)

(2)检测数据分析

……

4.2　路面工程实体检测结果及数据分析

(1)实体指标统计表(表 3)

(2)检测数据分析

……

4.3　桥梁工程实体检测结果及数据分析

(1)实体指标统计表(表 4)

路基工程实体指标检测结果统计表 表2

合同段	单位工程	分部工程	实测指标	检测点数	合格点数	合格率(%)
1	路基工程	路基土石方	压实度			
			分层填筑厚度			
		支挡工程	断面尺寸			
			钢筋间距			
			混凝土强度			
		涵洞及排水工程	铺砌厚度			
			结构及断面尺寸			
			钢筋间距			
			混凝土强度			
…						

路面工程实体指标检测结果统计表 表3

合同段	单位工程	分部工程	实测指标	检测点数	合格点数	合格率(%)
1	路面工程	沥青混凝土面层	压实度			
			厚度			
			沥青混合料劈裂疲劳			
			渗水系数			
		水泥混凝土面层	混凝土强度			
			相邻板高差			
			厚度			
		垫层基层底基层	基层整体性			
			压实度			
			基层强度			
			厚度			
			灰剂量			
…						

桥梁工程实体指标检测结果统计表 表4

合同段	单位工程	分部工程	实测指标	检测点数	合格点数	合格率(%)
1	××桥	混凝土工程	混凝土强度			
			墩台竖直度			
			构件几何尺寸			
		钢筋	钢筋数量			
			钢筋保护层厚度			
			钢筋间距			
…						

(2)检测数据分析

……

4.4　隧道工程实体检测结果及数据分析

(1)实体指标统计表(表 5)

隧道工程实体指标检测结果统计表　　表 5

合同段	单位工程	分部工程	实测指标	检测点数	合格点数	合格率(%)
1	××隧道	衬砌支护	拱架数量及间距			
			二次衬砌钢筋数量及间距			
			钢筋保护层厚度			
			初支喷射混凝土厚度			
			防水板搭接宽度			
			二次衬砌混凝土强度			
			二次衬砌厚度及脱空			
			钢拱架垂直度			
…						

(2)检测数据分析

……

5　主要存在问题

5.1　路基工程主要存在问题

5.2　路面工程主要存在问题

……

6　结论(评述)及建议

6.1　结论(评述)

6.2　建议

附件:1.××检测数据

2.……

8.3　交工验收阶段质量检测

8.3.1　质量监督机构检测意见

检测意见内容主要包括:检测工作是否完成,指出工程质量存在的缺陷,交工验收前需完善的问题及主要意见。示例如下:

××高速公路交工质量检测意见

一、项目概况

(一)工程概况

(二)项目管理组织情况

二、检测依据和检测组织实施情况

(一)检测依据

(二)检测组织实施情况

检测组织实施情况应包括委托的检测单位、任务划分及检测时间安排等信息,如:

本项目交工质量检测工作,我局分别委托具有相应资质的(××检测机构)、(××检测机构)负责交工质量检测任务。其中(××检测机构)负责路基、桥梁、路面、隧道、绿化、房建沿线设施工程的质量检测;(××检测机构)负责交安、机电工程的质量检测。

2013年6月组织了路基单位工程交工质量检测2次,2013年8月组织了桥梁、隧道单位工程交工质量检测2次;2013年10月完成路面、交安、机电、绿化及沿线设施等工程的交工质量检测工作,并对路基、路面、桥梁等工程交工检测中存在问题的整改完善情况进行了查看。

(三)交工检测界面划分

按照交通运输部《公路工程竣(交)工验收办法》的规定,对检测界面进行了划分,如:

(1)按鉴定办法规定的检测项目对土建、路面工程、交通安全设施、沿线设施组织交工质量检测。

(2)机电工程按规定经三个月系统试运营期后,再行组织交工质量检测工作,本次检测结合通车条件进行了功能符合性检查。

(3)绿化工程待达到一个生长周期后,再行组织交工质量检测工作。本次检测结合通车条件进行了检查。

(4)消防和高压供配电系统,依据公安、电力相关行业管理规定,除基本功能项目检测外,其余项目进行相关质量保证资料的核查。

(5)收费车道设施称重系统,称重精度标定已由地方计量检定机构进行认证监督检验,核查其检定证书等质量保证资料。

……

三、检测内容、方法和频率

参照检测机构出具的检测报告的相应部分内容作简述。

四、检测结果及评价

主要反映合同段各分部单位工程所检结果,即主要结果,不出具评定结果和得分如:

(一)交工质量检测结果(包括实体检测和外观检查)

1.土建工程质量检测情况

本次共检测××个土建合同段,其中路基单位工程检测了路基土石方、排水、小桥、涵洞及支挡××个分部工程,共××个抽查项目;桥梁单位工程每座按上部、下部及桥面系××个分部工程进行检测,包括混凝土强度、主要结构尺寸等××个抽查项目;隧道单位工程检测了衬砌、总体及隧道路面××个分部工程,包括衬砌厚度、强度、大面平整度、隧道总体的宽度、净空等××个抽查项目。本次检测的××个土建合同段,共××个单位工程,工程质量合格。

2.路面工程质量检测情况

路面工程共划分为××个合同段建设,本次按要求对沥青路面压实度、弯沉等共××个抽查项目进行检测。本次检测的××个路面工程合同段,工程质量合格。

3.交通安全设施工程质量检测情况

交通安全设施共划分为××个合同段建设,本次按要求分别对标志、标线及防护栏等××个分部工程进行检测,共××个抽查项目,本次检测的交通安全设施××个合同段,工程质量合格。

4.房建工程质量检测情况

本次质量检测按照住建部房建工程验收的相关规定进行,检测内容及项目包括:混凝土强度、钢筋保护层厚度、楼板厚度、楼层净空、金属焊接探伤、高强螺栓终拧扭矩、涂层厚度、钢结构柱间距等。经检测,房建工程质量评定为合格。

5.机电工程检查情况

本次对机电工程设备安装的完整性、系统运行的完好性等进行了检查,并对通信、接地等相关指标进行了现场检测。经检查,机电工程各项基本功能满足通车要求。

(二)内业资料审查结果

按照交通运输部《公路工程竣(交)工验收办法》的规定,对"公路工程项目文件归档范围"第三、四、五部分内容进行检查。对检查结果进行归纳描述。如:

经过对土建、路面、交安等合同段及监理内业资料进行审查,各单位质量保证资料及原始数据保证资料基本齐全规范,但仍存在部分资料未组卷成册等问题。

(三)专项试验检测情况(若有)

对特大桥、特殊结构桥梁、在交工检测过程中存在明显质量缺陷的桥梁、隧道、边坡等实体工程进行专项试验或检测,进一步判断实体工程是否满足设计及规范要求。如:对桥梁工程进行荷载试验,见表1。

××高速公路荷载试验桥梁汇总表　　表1

序号	合同段	桥梁桩号	桥型结构	荷载试验桥跨	试验内容
1					
…					
检测结论:					

五、存在的主要质量问题和缺陷

针对各单位工程存在的主要、重点问题列述。

1.路基工程

2.路面工程

3.桥梁工程

……

六、检测意见

检测意见应反映:检测工作是否完成,是否存在交工验收前须完善的问题,所检工程是否合格。

七、相关建议和要求

对工程存在问题提出具体的处理意见和整改要求。

附件:1.各单位工程质量缺陷清单或监督通知单

2.《××单位工程交工质量检测实施方案》(检测机构)

3.《××单位工程交工质量检测报告》(检测机构)

……

(监督机构)

二〇××年××月××日

8.3.2 质量监督机构项目检测报告(报上级交通主管部门报告)

报上级交通主管部门检测报告中,检测工作组织、检测内容、方法、频率、要求及检测结果等与检测意见基本一致。可参照检测意见进行编写,此处不再另附示例。

此报告的第五部分只写主要问题,第六部分在检测意见基础上着重阐述:检测结果及对工程质量的基本评价,工程质量存在的主要问题和缺陷,工程是否具备试运营条件。

8.3.3 附件:××单位工程交工质量检测实施方案

××单位工程交工质量检测实施方案

1 前言

1.1 任务来源

1.2 项目概况

1.3 检测依据

2 检测内容、方法及频率要求

2.1 实体检测项目、方法、频率要求

××工程交工质量检测抽查项目及要求见表1。

××工程交工质量检测抽查项目及要求 表1

单位工程	分部工程类别	抽查项目	权值	备注
××工程	…			
	…			

2.2 外观检查内容及要求

××工程外观检查内容及要求见表2。

××工程外观检查内容及要求　　表 2

单位工程	分部工程类别	检查内容及扣分标准	备　注
××工程	…		
	…		

2.3　内业资料审查内容及要求

2.4　增测项目和特殊检测项目(内容)(若有)

3　交工质量检测组织情况

3.1　检测组织及人员情况(分组)

3.2　检测主要仪器设备

3.3　时间安排

4　检测工作要求及有关事项

4.1　检测工作质量保证措施及要求

4.2　对检测数据记录、整理及报告等要求

4.3　廉政要求

5　安全保障措施及相关要求

5.1　安全保障措施依据

5.2　组织机构(根据实际情况是否要求酌情定)

5.3　具体安全保障措施和要求

6　相关单位应配合的有关事宜

6.1　指挥部

6.2　施工单位

6.3　监理和检测单位

附件:1.交工质量检测申请验收段落一览表

2.……

8.3.4　附件:××单位工程交工质量检测报告

××单位工程交工质量检测报告

1　前言

1.1　任务来源

1.2　项目概况

1.3　检测依据

2　检测组织情况

检测组织情况应包括检测人员、设备、任务划分及检测时间安排等信息。

2.1　人员组织

主要投入人员履历见表1。

主要投入人员履历一览表　　表1

序号	姓名	性别	职务、职称	检测师(员)证编号	本项目中职责
1					
……					

2.2　仪器设备

主要投入仪器、设备见表2。

主要投入仪器、设备一览表　　表2

序号	编号	设备名称	设备型号	检定/校准单位	检定/校准周期	检定/校准日期
1						
……						

2.3　检测工作任务划分及时间安排

3　检测内容、方法及频率

3.1　检测内容及方法

结合工程建设实际，根据《公路工程竣(交)工验收办法实施细则》、《公路工程质量检验评定标准　第一册　土建工程》(JTG F80/1—2004)的规定，确定交工检测的具体内容及方法，详见附件2《××单位工程交工质量检测实施方案》。

3.2　工程实体抽检频率情况

(1)路基工程

路基工程抽检汇总统计见表3。

路基工程抽检汇总统计表　　表3

合同段	小桥		涵洞		支挡工程	
	实有数/抽检数	抽检频率(%)	实有数/抽检数	抽检频率(%)	实有数/抽检数	抽检频率(%)
1						
……						
合计						

(2)桥梁工程

桥梁工程抽检汇总统计见表4。

(3)隧道工程

隧道工程抽检汇总统计见表5。

桥梁工程抽检汇总统计表　　表4

合同段	实有数/检测数(座)			抽检频率(%)		
	特大桥	大桥	中桥	特大桥	大桥	中桥
1						
……						
合计						

隧道工程抽检汇总统计表　　表5

合同段	实有数(座)	检测数(座)	抽检频率(%)
1			
……			
合计			

(4)其余工程项目

参照路基、桥梁工程格式进行编写。

3.3　增测项目和特殊检测项目

若有则根据实际情况列述。

4　单位工程实体检测及外观检查结果

4.1　路基工程

(1)实体检测结果

路基各分部工程检测数据汇总见表6。

路基各分部工程检测数据汇总　　表6

合同段	分部工程类别	抽查项目	权值	检测点数	合格点数	合格率(%)	分部工程实测得分	外观扣分	分部工程得分
1合同段	路基土石方	压实度	3						
		弯沉	3						
		边坡	1						
	排水工程	断面尺寸	1						
		铺砌厚度	3						
	小桥	混凝土强度	3						
		主要结构尺寸	1						
	涵洞	混凝土强度	3						
		结构尺寸	2						
	支挡工程	混凝土强度	3						
		断面尺寸	3						
……									

(2)路基单位工程得分一览表

路基单位工程得分见表7。

路基单位工程得分一览表　　表7

<table>
<tr><td rowspan="3">合同段</td><td rowspan="3">起止桩号</td><td colspan="5">分部工程得分及权值</td><td rowspan="3">单位工程得分</td></tr>
<tr><td>路基土石方</td><td>排水工程</td><td>小桥</td><td>涵洞</td><td>支挡工程</td></tr>
<tr><td>3</td><td>1</td><td>2</td><td>1</td><td>2</td></tr>
<tr><td>1合同段</td><td></td><td></td><td></td><td></td><td></td><td></td><td></td></tr>
<tr><td>……</td><td></td><td></td><td></td><td></td><td></td><td></td><td></td></tr>
</table>

(3)路基工程检测数据分析

4.2　路面工程

(1)实体检测结果

路面各分部工程检测数据汇总见表8。

路面各分部工程检测数据汇总　　表8

<table>
<tr><td>合同段</td><td>分部工程类别</td><td colspan="2">抽查项目</td><td>权值</td><td>检测点数</td><td>合格点数</td><td>合格率(%)</td><td>分部工程实测得分</td><td>外观扣分</td><td>分部工程得分</td></tr>
<tr><td rowspan="9">1合同段</td><td rowspan="9">路面面层</td><td colspan="2">沥青路面压实度</td><td>3</td><td></td><td></td><td></td><td rowspan="9"></td><td rowspan="9"></td><td rowspan="9"></td></tr>
<tr><td colspan="2">沥青路面弯沉*</td><td>3</td><td></td><td></td><td></td></tr>
<tr><td colspan="2">平整度*</td><td>2</td><td></td><td></td><td></td></tr>
<tr><td rowspan="2">抗滑*</td><td>摩擦系数</td><td rowspan="2">2</td><td></td><td></td><td></td></tr>
<tr><td>构造深度</td><td></td><td></td><td></td></tr>
<tr><td rowspan="2">厚度</td><td>钻芯法</td><td rowspan="2">3</td><td></td><td></td><td></td></tr>
<tr><td>雷达法</td><td></td><td></td><td></td></tr>
<tr><td colspan="2">渗水系数</td><td>2</td><td></td><td></td><td></td></tr>
<tr><td colspan="2">横坡</td><td>1</td><td></td><td></td><td></td></tr>
<tr><td>……</td><td></td><td colspan="2"></td><td></td><td></td><td></td><td></td><td></td><td></td><td></td></tr>
</table>

(2)路面单位工程得分一览表

路面单位工程得分见表9。

路面单位工程得分一览表　　表9

<table>
<tr><td rowspan="3">合同段</td><td rowspan="3">起止桩号</td><td>分部工程得分及权值</td><td rowspan="3">单位工程得分</td></tr>
<tr><td>路面面层</td></tr>
<tr><td>1</td></tr>
<tr><td>1合同段</td><td></td><td></td><td></td></tr>
<tr><td>……</td><td></td><td></td><td></td></tr>
</table>

(3)路面工程检测数据分析

4.3　桥梁工程

(1)实体检测结果

桥梁各分部工程检测结果汇总见表10。

桥梁各分部工程检测结果汇总　　表10

<table>
<tr><th>单位工程</th><th>分部工程类别</th><th colspan="2">抽查项目</th><th>权值</th><th>检测点数</th><th>合格点数</th><th>合格率(%)</th><th>分部工程实测得分</th><th>外观扣分</th><th>分部工程得分</th></tr>
<tr><td rowspan="16">××桥左幅
××～××m
空心板+
××m
钢箱梁</td><td rowspan="4">下部</td><td colspan="2">墩台混凝土强度</td><td>3</td><td></td><td></td><td></td><td rowspan="4"></td><td rowspan="4"></td><td rowspan="4"></td></tr>
<tr><td colspan="2">主要结构尺寸</td><td>1</td><td></td><td></td><td></td></tr>
<tr><td colspan="2">钢筋保护层厚度</td><td>1</td><td></td><td></td><td></td></tr>
<tr><td colspan="2">墩台垂直度</td><td>1</td><td></td><td></td><td></td></tr>
<tr><td rowspan="3">上部</td><td colspan="2">混凝土强度</td><td>3</td><td></td><td></td><td></td><td rowspan="4"></td><td rowspan="4"></td><td rowspan="4"></td></tr>
<tr><td colspan="2">主要结构尺寸</td><td>2</td><td></td><td></td><td></td></tr>
<tr><td colspan="2">钢筋保护层厚度</td><td>1</td><td></td><td></td><td></td></tr>
<tr><td rowspan="6">上部
(钢箱梁)</td><td colspan="2">梁高</td><td>2</td><td></td><td></td><td></td></tr>
<tr><td colspan="2">腹板中心距</td><td>2</td><td></td><td></td><td></td><td rowspan="4"></td><td rowspan="4"></td><td rowspan="4"></td></tr>
<tr><td rowspan="2">连接</td><td>焊缝尺寸</td><td>2</td><td></td><td></td><td></td></tr>
<tr><td>焊缝探伤</td><td>3</td><td></td><td></td><td></td></tr>
<tr><td colspan="2">总干膜厚度</td><td>1</td><td></td><td></td><td></td></tr>
<tr><td colspan="2">附着力</td><td>1</td><td></td><td></td><td></td><td rowspan="4"></td><td rowspan="4"></td><td rowspan="4"></td></tr>
<tr><td rowspan="3">桥面系</td><td colspan="2">桥面铺装平整度*</td><td>1</td><td></td><td></td><td></td></tr>
<tr><td colspan="2">桥面横坡</td><td>1</td><td></td><td></td><td></td></tr>
<tr><td colspan="2">桥面抗滑</td><td>2</td><td></td><td></td><td></td></tr>
<tr><td>……</td><td></td><td colspan="2"></td><td></td><td></td><td></td><td></td><td></td><td></td><td></td></tr>
</table>

(2)桥梁单位工程得分一览表

桥梁单位工程得分见表11。

桥梁单位工程得分一览表　　表11

<table>
<tr><th rowspan="3">合同段</th><th rowspan="3">序号</th><th rowspan="3">桩号</th><th colspan="4">分部工程得分及权值</th><th rowspan="3">单位工程得分</th></tr>
<tr><th>下部</th><th>上部</th><th>上部(钢箱梁)</th><th>桥面系</th></tr>
<tr><th>2</th><th>3</th><th>3</th><th>2</th></tr>
<tr><td rowspan="2">1合同段</td><td>1</td><td></td><td></td><td></td><td></td><td></td><td></td></tr>
<tr><td>2</td><td></td><td></td><td></td><td></td><td></td><td></td></tr>
<tr><td>……</td><td></td><td></td><td></td><td></td><td></td><td></td><td></td></tr>
</table>

(3)桥梁工程检测数据分析

4.4　隧道工程

(1)实体检测结果

隧道各分部工程检测数据汇总见表12。

隧道各分部工程检测数据汇总　　表 12

单位工程	分部工程类别	抽查项目	权值	检测点数	合格点数	合格率（%）	分部工程实测得分	外观扣分	分部工程得分
××隧道	衬砌	衬砌强度	3						
		衬砌厚度	3						
		大面平整度	1						
	总体	宽度	1						
		净空	2						
	隧道路面 面层	沥青路面压实度	3						
		沥青路面渗水系数	3						
		混凝土路面强度	3						
		平整度*	2						
		抗滑* 摩擦系数	2						
		抗滑* 构造深度							
		厚度 钻芯法	3						
		厚度 雷达法							
		横坡	1						
……									

(2) 隧道单位工程得分一览表

隧道单位工程得分见表 13。

隧道单位工程得分一览表　　表 13

合同段	序号	隧道桩号	分部工程得分及权值			单位工程得分
			衬砌	总体	隧道路面	
			3	1	2	
1	1					
	2					
……						

(3) 隧道工程检测数据分析

4.5　交通安全设施工程

(1) 实体检测结果

交通安全设施各分部工程检测数据汇总见表 14。

交通安全设施各分部工程检测数据汇总　　表 14

合同段	分部工程类别	抽查项目	权值	检测点数	合格点数	合格率(%)	分部工程实测得分	外观扣分	分部工程得分
1 合同段	标志面层	立柱竖直度	1						
		标志板净空	2						
		标志板厚度	1						
		标志面反光膜等级及逆射光系数	2						
	标线	反光标线逆反射系数	2						
		标线厚度	2						
	防护栏	波形梁板基底金属厚度	2						
		波形梁钢护栏立柱壁厚	2						
		波形梁钢护栏立柱埋入深度	2						
		波形梁钢护栏横梁中心高度	1						
		混凝土护栏强度	2						
		混凝土护栏断面尺寸	2						
……									

(2)交通安全设施单位工程得分一览表

交通安全设施单位工程得分见表 15。

交通安全设施单位工程得分一览表　　表 15

合同段	起止桩号	分部工程得分及权值			单位工程得分
		标志	标线	防护栏	
		1	1	2	
1 合同段					
……					

(3)交通安全设施检测数据分析

4.6　机电工程

(1)实体检测结果

机电工程检测数据汇总见表 16。

机电工程检测数据汇总　　表 16

合同段	分部工程类别	抽查项目	权值	检测点数	合格点数	合格率(%)	分部工程实测得分	外观扣分	分部工程得分
1合同段	监控系统	闭路电视监视系统传输通道指标	1						
		可变标志显示屏平均亮度	2						
		计算机网健康测试	1						
		接地电阻、绝缘电阻	2						
	通信系统	光纤接头损耗平均值	2						
		光纤数字传输误码指标	2						
		数字程控交换接通率	2						
	收费系统	车道设备各车种处理流程	2						
		接地电阻、绝缘电阻	2						
……									

(2)机电工程得分一览表

机电工程得分见表 17。

机电工程得分一览表　　表 17

合同段	桩号	分部工程得分及权值			单位工程得分
		监控系统	通信系统	收费系统	
		1	1	1	
1合同段					
……					

(3)机电工程检测数据分析

5　内业资料审查

5.1　内业资料总体评述

5.2　内业资料审查情况

6　主要存在问题

表述各单位工程的主要存在问题。

6.1　路基工程

6.2　路面工程

6.3　桥梁工程

………

7　检测结论及建议

7.1　结论

7.2　建议

附件:1.参加人员名单

2.××单位工程交工质量检测实施方案

3.××单位工程外观检查情况一览表

路基工程外观扣分见表 18。

4.××合同段内业资料检查情况一览表(表 19)

5.××单位工程检测资料汇总

6.房建及环保工程专项检测报告

……

路基工程外观扣分一览表　　表 18

<table>
<tr><th>合同段</th><th>单位工程</th><th>分部工程</th><th>外观存在问题</th><th>扣分值</th><th>累计扣分</th><th>公里(座)</th><th>外观扣分</th></tr>
<tr><td rowspan="5">××合同段</td><td rowspan="5">路基工程</td><td>路基土石方</td><td>(逐条列述)</td><td></td><td></td><td></td><td></td></tr>
<tr><td>排水工程</td><td></td><td></td><td></td><td></td><td></td></tr>
<tr><td>小桥</td><td></td><td></td><td></td><td></td><td></td></tr>
<tr><td>涵洞</td><td></td><td></td><td></td><td></td><td></td></tr>
<tr><td>支挡工程</td><td></td><td></td><td></td><td></td><td></td></tr>
<tr><td>×××</td><td>×××</td><td>×××</td><td></td><td></td><td></td><td></td><td></td></tr>
</table>

××合同段内业资料检查情况一览表　　表 19

<table>
<tr><th>合同段</th><th>资料性质</th><th>审查内容</th><th>主要扣分原因</th><th>扣分依据</th><th>扣分合计</th></tr>
<tr><td rowspan="6">××合同段</td><td rowspan="2">质量保证资料</td><td>1.所用原材料、半成品和成品质量检验结果</td><td></td><td></td><td></td></tr>
<tr><td>……</td><td></td><td></td><td></td></tr>
<tr><td rowspan="2">交工验收后续资料</td><td>交工遗留问题处理情况资料</td><td></td><td></td><td></td></tr>
<tr><td>……</td><td></td><td></td><td></td></tr>
<tr><td colspan="4">累计扣分(内业资料扣分=上述各项扣分累加之和×5/90)</td><td></td></tr>
<tr><td colspan="4">合同段内业资料扣分</td><td></td></tr>
</table>

8.4　竣工验收阶段质量鉴定

8.4.1　质量监督机构项目工程质量鉴定工作方案

××项目工程质量鉴定工作方案

该方案按 7.4.2 要求拟写,此处不再另附示例。

8.4.2 质量监督机构质量鉴定报告

××高速公路竣工质量鉴定报告

一、项目概述

(一)工程概况

(二)主要技术指标

(三)工程建设组织情况

(四)参建单位一览表

二、鉴定工作依据及组织情况

(一)工程质量鉴定依据

(二)工程质量鉴定工作组织情况

1.交工检测情况

2.鉴定及检测组织部门人员情况

3.实施时间等情况

4.工程质量鉴定检测内容

三、复测指标、外观检查及内业资料审查结果及评价

(一)复测指标(按细则列表)

1.复测指标的确定

2.复测结果

复测指标结果对照见表1。

复测指标结果对照表　　表1

序号	抽测项目		抽测里程	设计或规定值	交工验收		竣工验收	
					平均值	合格率(%)	平均值	合格率(%)
1	沥青路面弯沉(0.01mm)							
2	沥青路面车辙(mm)							
3	路面平整度 *IRI*	主线(m/km)						
		匝道联络线(m/km)						
4	路面摩擦系数							
5	路面构造深度(mm)							
6	桥面铺装平整度	大桥 *IRI*(m/km)						
7	桥面摩擦系数							
8	桥面构造深度(mm)							
9	隧道路面平整度 *IRI*(m/km)							
10	隧道路面摩擦系数							
11	隧道路面构造深度(mm)							

3.简要评述

(二)外观检查结果

1.工作过程

2.外观检查结果(表2)

××单位工程外观检查情况统计一览表　　表2

序号	检查项目	外观评价描述	存在问题
1	路基工程		
……			

3.简要评述

(三)内业资料审查结果

1.工作过程

2.审查结果

四、交工遗留问题及处理情况

五、试运营期出现的问题及处理情况

六、工程质量鉴定评分及质量等级结论

(一)评分方法(简述过程)

(二)建设项目及合同段评分(具体格式与交工检测评定过程相同)

1.各合同段单位工程评定结果表

2.项目及合同段评分表

3.特殊、专项试验检测的结果、结论

(三)工程质量鉴定结论

七、意见与建议

附件:1.××高速公路合同段质量评分附表

2.××项目工程质量鉴定工作方案

3.××单位工程竣工质量检测实施方案

4.××单位工程竣工质量检测报告

……

8.4.3　附件:××单位工程竣工质量检测实施方案

××单位工程竣工质量检测实施方案

1　前言

1.1　任务来源

1.2　项目概况

1.3　检测依据

2 竣工检测内容、方法及频率要求

2.1 复测项目、方法和频率要求

按竣(交)工验收办法与实施细则的规定对带"*"的抽查项目进行复测,复测结果和其他抽查项目在交工验收时的检测结果,作为竣工验收质量评定的依据,见表1。

××工程竣工质量检测复测项目及要求 表1

单位工程	分部工程类别	抽 查 项 目	权值	备注
××工程	…			
	…			

2.2 外观检查内容及要求

2.2.1 交工遗留问题复查内容及要求

2.2.2 试运营期间存在问题检查内容及要求(表2)

××工程外观检查内容及要求 表2

单位工程	分部工程类别	检查内容及扣分标准	备注
××工程	…		
	…		

3 竣工质量检测组织情况

3.1 检测组织及人员情况(分组)

3.2 检测主要仪器设备

3.3 时间安排

4 检测工作要求及有关事项

4.1 检测工作质量保证措施及要求

4.2 对检测数据记录、整理及报告等要求

4.3 廉政要求

5 安全保障措施及相关要求

5.1 安全保障措施依据

5.2 组织机构(根据实际情况是否要求酌情定)

5.3 具体安全保障措施和要求

6 相关单位应配合的有关事宜

6.1 指挥部

6.2 施工单位

6.3 监理和检测单位

附件:1.交工遗留问题及处理段落一览表

2.……

8.4.4　附件:××单位工程竣工质量检测报告

竣工质量检测报告内容及格式与交工质量检测报告一致,增加《交、竣工检测复测指标对照表》,并对复检的数据进行替换,对外观及内业资料按竣工检测发现的存在问题进行扣分。

××单位工程竣工质量检测报告

1　前言

1.1　任务来源

1.2　项目概况

1.3　检测依据

2　检测组织情况

2.1　人员组织

2.2　仪器设备

2.3　检测工作任务划分及时间安排

3　检测工作内容、方法及频率

3.1　检测项目、方法及频率

3.2　检测工作内容

4　复测指标检测情况

4.1　交工检测与竣工复测指标对照表(表 1)

(复测结果和与交工检测对比)

交工检测与竣工复测指标对照表　　表 1

<table>
<tr><th rowspan="2">序号</th><th rowspan="2" colspan="2">抽　测　项　目</th><th rowspan="2">检测里程</th><th rowspan="2">设计值</th><th colspan="2">交工验收</th><th colspan="2">竣工验收</th></tr>
<tr><th>平均值</th><th>合格率(%)</th><th>平均值</th><th>合格率(%)</th></tr>
<tr><td>1</td><td colspan="2">沥青路面弯沉</td><td rowspan="12"></td><td></td><td></td><td></td><td></td><td></td></tr>
<tr><td>2</td><td colspan="2">沥青路面车辙或水泥混凝土路面相邻板高差</td><td></td><td></td><td></td><td></td><td></td></tr>
<tr><td>3</td><td colspan="2">路面平整度 IRI(m/km)</td><td></td><td></td><td></td><td></td><td></td></tr>
<tr><td>4</td><td colspan="2">路面摩擦系数</td><td></td><td></td><td></td><td></td><td></td></tr>
<tr><td>5</td><td colspan="2">路面构造深度(mm)</td><td></td><td></td><td></td><td></td><td></td></tr>
<tr><td>6</td><td colspan="2">桥面平整度</td><td></td><td></td><td></td><td></td><td></td></tr>
<tr><td>7</td><td rowspan="2">桥面抗滑</td><td>桥面摩擦系数</td><td></td><td></td><td rowspan="2"></td><td></td><td rowspan="2"></td></tr>
<tr><td>8</td><td>桥面构造深度(mm)</td><td></td><td></td><td></td></tr>
<tr><td>9</td><td colspan="2">隧道路面平整度 IRI(m/km)</td><td></td><td></td><td></td><td></td><td></td></tr>
<tr><td>10</td><td colspan="2">隧道路面摩擦系数</td><td></td><td></td><td></td><td></td><td></td></tr>
<tr><td>11</td><td colspan="2">隧道路面构造深度(mm)</td><td></td><td></td><td></td><td></td><td></td></tr>
<tr><td>12</td><td colspan="2">增加检测项目</td><td></td><td></td><td></td><td></td><td></td></tr>
</table>

4.2　复测数据分析

5 单位工程实体检测(复测)及外观检查情况

本章节内容及格式与××单位工程交工质量检测报告相同。

5.1 路基工程

5.2 路面工程

5.3 桥梁工程

……

6 内业资料审查

6.1 内业资料审查总体评述

6.2 内业资料审查扣分一览表

7 交工遗留问题复检情况

7.1 路基工程

7.2 路面工程

7.3 桥梁工程

……

8 主要存在问题

8.1 路基工程

8.2 路面工程

8.3 桥梁工程

……

9 结论及建议

9.1 结论

9.2 建议

附件:1.参加检测人员名单

2.××单位工程竣工质量检测实施方案

3.复检实体检测资料汇总

(根据《云南省交通厅关于转发交通运输部〈公路工程竣工质量鉴定工作规定(试行)〉的通知》(云交基建〔2008〕550号)附件3中附表进行编写)

4.单位工程外观检查资料汇总

(各参建单位外观检查存在问题汇总)

5.竣工资料审查资料汇总

(各参建单位内业资料存在问题汇总)

6.交工遗留问题复查情况一览表

路基工程交工遗留问题复查情况见表2。

路基工程交工遗留问题复查情况一览表　　表2

合同段	桩号及位置	交工存在问题简述	复检结果	备注
1				
……				

附　　录

1.抽查意见通知书

抽查意见通知书　　附表 1

<table>
<tr><td rowspan="5">基本
情况</td><td>项目名称</td><td></td><td>合同段</td><td></td></tr>
<tr><td>建设单位(项目法人)</td><td></td><td>负责人</td><td></td></tr>
<tr><td>设计单位</td><td></td><td>负责人</td><td></td></tr>
<tr><td>施工单位</td><td></td><td>负责人</td><td></td></tr>
<tr><td>监理单位</td><td></td><td>负责人</td><td></td></tr>
<tr><td colspan="5">抽查存在问题及处理意见：</td></tr>
<tr><td colspan="3">检查人：</td><td colspan="2">年　月　日(盖章)</td></tr>
<tr><td>受检单位签收</td><td colspan="4">年　月　日(盖章)</td></tr>
</table>

注:本表一式三份,建设单位(项目法人)及项目监督组各一份,报监督机构存档一份。

2.公路工程交工验收质量检测申请书

公路工程交工验收质量检测申请书

________(监督机构):

我单位负责建设的________工程(合同段、单位、分部工程)经施工单位自检合格,由监理单位评定达到合格,并经我部审核同意,经核查具备交工验收条件,根据《云南省公路工程质量鉴定工作程序及标准》有关规定要求,现申请交工验收质量检测。

附件:1.施工单位自检评定结果资料

2.监理单位评定资料

3.建设单位的检测报告汇总及审核意见

4.重大设计变更清单

（建设单位盖章）

____年__月__日

3.公路工程交工验收质量检测申请审查表

交工验收质量检测申请审查表 附表 2

序号	材　料	份数	审核意见	备注
1	施工单位自检评定结果			
2	监理单位评定资料			
3	建设单位的检测报告汇总及审核意见			
4	重大设计变更清单			

审核意见:________________

审核人: 日期:

4.公路工程竣工验收质量鉴定申请书

竣工验收质量鉴定申请书

________（监督机构）:

我单位负责建设的____________公路工程经核查具备质量鉴定条件,根据《公路工程竣(交)工验收办法》有关规定要求,现申请质量鉴定。

附件:1.交工验收报告

2.交工质量问题整改结果及质检报告

3.运营期内出现问题处理及评价报告

4.专项论证报告

5.其他相关资料

（建设单位盖章）

____年__月__日

5.公路工程竣工验收质量鉴定申请审查表

竣工验收质量鉴定申请审查表　　附表3

序号	材　料	份数	审核意见	备注
1	公路工程项目执行报告			
2	交工验收报告			
3	运营期内出现问题处理及评价报告			
4	专项论证报告			

审核意见：

审核人：　　日期：

6.工程项目竣工验收质量鉴定表

建设项目质量鉴定表　　附表4

项目名称：　　路线名称：

起讫桩号：　　完工日期：

合同段	工程质量得分	工程投资额（万元）	工程质量得分×投资额	质量等级	备注
土建1					
土建2					
…					
路面1					
路面2					
…					
…					
合计					
鉴定得分			质量等级		

检验负责人：

计算：　　复核：　　年　月　日

合同段工程质量检验评定表 附表5

合同段名称： 所属建设项目：

施工单位： 监理单位：

单位工程名称	单位工程得分	投资额（万元）	单位工程得分×投资额	质量等级	备注
路基工程					
合计					
合同段实测得分		内业资料扣分			
主要扣分原因					
合同段鉴定得分		质量等级			

计算： 复核： 年 月 日

单位工程质量评分表以路基工程进行示例，其余单位工程参照使用。

路基单位工程质量鉴定表 附表6

建设项目名称： 路线名称：

起讫桩号： 监理单位：

施工单位： 合同段：土建1合同段

<table>
<tr><th rowspan="3">单位工程</th><th colspan="11">分部工程评定</th><th colspan="2">单位工程鉴定</th></tr>
<tr><th rowspan="2">分部工程类别</th><th colspan="5">抽查项目</th><th rowspan="2">分部工程实测得分</th><th rowspan="2">扣分原因</th><th rowspan="2">外观扣分</th><th rowspan="2">分部工程得分</th><th rowspan="2">权值</th><th rowspan="2">单位工程得分</th><th rowspan="2">质量等级</th></tr>
<tr><th>抽查项目</th><th>权值</th><th>检查点（组、段）数</th><th>合格点（组、段）数</th><th>合格率（%）</th></tr>
<tr><td rowspan="13">路基工程</td><td rowspan="3">路基土石方</td><td>压实度</td><td>3</td><td></td><td></td><td></td><td rowspan="3"></td><td rowspan="3"></td><td rowspan="3"></td><td rowspan="3"></td><td rowspan="3">3</td><td rowspan="13"></td><td rowspan="13"></td></tr>
<tr><td>弯沉</td><td>3</td><td></td><td></td><td></td></tr>
<tr><td>边坡</td><td>1</td><td></td><td></td><td></td></tr>
<tr><td rowspan="2">排水工程</td><td>断面尺寸</td><td>1</td><td></td><td></td><td></td><td rowspan="2"></td><td rowspan="2"></td><td rowspan="2"></td><td rowspan="2"></td><td rowspan="2">1</td></tr>
<tr><td>铺砌厚度</td><td>3</td><td></td><td></td><td></td></tr>
<tr><td rowspan="2">小桥</td><td>混凝土强度</td><td>3</td><td></td><td></td><td></td><td rowspan="2"></td><td rowspan="2"></td><td rowspan="2"></td><td rowspan="2"></td><td rowspan="2">2</td></tr>
<tr><td>主要结构尺寸</td><td>1</td><td></td><td></td><td></td></tr>
<tr><td rowspan="2">涵洞</td><td>混凝土强度</td><td>3</td><td></td><td></td><td></td><td rowspan="2"></td><td rowspan="2"></td><td rowspan="2"></td><td rowspan="2"></td><td rowspan="2">1</td></tr>
<tr><td>结构尺寸</td><td>2</td><td></td><td></td><td></td></tr>
<tr><td rowspan="2">支挡工程</td><td>混凝土强度</td><td>3</td><td></td><td></td><td></td><td rowspan="2"></td><td rowspan="2"></td><td rowspan="2"></td><td rowspan="2"></td><td rowspan="2">2</td></tr>
<tr><td>断面尺寸</td><td>3</td><td></td><td></td><td></td></tr>
</table>

检查： 复核： 年 月 日

桥梁单位工程质量鉴定表

附表 7

建设项目名称：　　　　　　　　　　路线名称：

起讫桩号：　　　　　　　　　　　　监理单位：

施工单位：　　　　　　　　　　　　合同段：土建 1 合同段

单位工程	分部工程评定											单位工程鉴定	
	分部工程类别	抽查项目					分部工程实测得分	扣分原因	外观扣分	分部工程得分	权值	单位工程得分	质量等级
		抽查项目	权值	检查点(组、段)数	合格点(组、段)数	合格率(%)							
桥梁工程	下部	墩台混凝土强度	3										
		主要结构尺寸	1								2		
		钢筋保护层厚度	1										
		墩台竖直度	1										
	上部	混凝土强度	3										
		主要结构尺寸	2								3		
		钢筋保护层厚度	1										
	桥面系	桥面铺装平整度	1										
		横坡	1								2		
		桥面抗滑	2										

检查：　　　　　　　　　　复核：　　　　　　　　　　年　月　日

隧道单位上程质量鉴定表

附表 8

建设项目名称：　　　　　　　　　　路线名称：

起讫桩号：　　　　　　　　　　　　监理单位：

施工单位：　　　　　　　　　　　　合同段：土建 1 合同段

单位工程	分部工程评定											单位工程鉴定	
	分部工程类别	抽查项目					分部工程实测得分	扣分原因	外观扣分	分部工程得分	权值	单位工程得分	质量等级
		抽查项目	权值	检查点(组、段)数	合格点(组、段)数	合格率(%)							
隧道工程	衬砌	衬砌强度	3										
		衬砌厚度	3								3		
		大面平整度	1										
	总体	宽度	1								1		
		净空	2										
	隧道路面	沥青路面压实度	3										
		沥青路面渗水系数	2										
		混凝土路面强度	3								1		
		平整度	2										
		抗滑	2										
		横坡	1										

检查：　　　　　　　　　　复核：　　　　　　　　　　年　月　日

路面单位工程质量鉴定表 附表9

建设项目名称： 路线名称：

起讫桩号： 监理单位：

施工单位： 合同段：路面1合同段

<table>
<tr><td rowspan="3">单位工程</td><td colspan="11">分部工程评定</td><td colspan="2">单位工程鉴定</td></tr>
<tr><td rowspan="2">分部工程类别</td><td colspan="5">抽查项目</td><td rowspan="2">分部工程实测得分</td><td rowspan="2">扣分原因</td><td rowspan="2">外观扣分</td><td rowspan="2">分部工程得分</td><td rowspan="2">权值</td><td rowspan="2">单位工程得分</td><td rowspan="2">质量等级</td></tr>
<tr><td>抽查项目</td><td>权值</td><td>检查点（组、段）数</td><td>合格点（组、段）数</td><td>合格率（%）</td></tr>
<tr><td rowspan="10">路基工程</td><td rowspan="10">路面面层</td><td>沥青路面压实度</td><td>3</td><td></td><td></td><td></td><td rowspan="10"></td><td rowspan="10"></td><td rowspan="10"></td><td rowspan="10"></td><td rowspan="10">1</td><td rowspan="10"></td><td rowspan="10"></td></tr>
<tr><td>沥青路面弯沉</td><td>3</td><td></td><td></td><td></td></tr>
<tr><td>沥青路面车辙</td><td>1</td><td></td><td></td><td></td></tr>
<tr><td>沥青路面渗水系数</td><td>2</td><td></td><td></td><td></td></tr>
<tr><td>混凝土路面强度</td><td>3</td><td></td><td></td><td></td></tr>
<tr><td>混凝土路面相邻板高差</td><td>1</td><td></td><td></td><td></td></tr>
<tr><td>平整度</td><td>2</td><td></td><td></td><td></td></tr>
<tr><td>抗滑</td><td>2</td><td></td><td></td><td></td></tr>
<tr><td>厚度</td><td>3</td><td></td><td></td><td></td></tr>
<tr><td>横坡</td><td>1</td><td></td><td></td><td></td></tr>
</table>

检查： 复核： 年 月 日

交通安全设施单位工程质量鉴定表 附表10

建设项目名称： 路线名称：

起讫桩号： 监理单位：

施工单位： 合同段：交通安全设施1合同段

<table>
<tr><td rowspan="3">单位工程</td><td colspan="11">分部工程评定</td><td colspan="2">单位工程鉴定</td></tr>
<tr><td rowspan="2">分部工程类别</td><td colspan="5">抽查项目</td><td rowspan="2">分部工程实测得分</td><td rowspan="2">扣分原因</td><td rowspan="2">外观扣分</td><td rowspan="2">分部工程得分</td><td rowspan="2">权值</td><td rowspan="2">单位工程得分</td><td rowspan="2">质量等级</td></tr>
<tr><td>抽查项目</td><td>权值</td><td>检查点（组、段）数</td><td>合格点（组、段）数</td><td>合格率（%）</td></tr>
<tr><td rowspan="11">交通安全设施</td><td rowspan="4">标志</td><td>立柱竖直度</td><td>1</td><td></td><td></td><td></td><td rowspan="4"></td><td rowspan="4"></td><td rowspan="4"></td><td rowspan="4"></td><td rowspan="4">1</td><td rowspan="11"></td><td rowspan="11"></td></tr>
<tr><td>标志板净空</td><td>2</td><td></td><td></td><td></td></tr>
<tr><td>标志板厚度</td><td>1</td><td></td><td></td><td></td></tr>
<tr><td>标志面反光膜等级及逆射光系数</td><td>2</td><td></td><td></td><td></td></tr>
<tr><td rowspan="2">标线</td><td>反光标线逆反射系数</td><td>2</td><td></td><td></td><td></td><td rowspan="2"></td><td rowspan="2"></td><td rowspan="2"></td><td rowspan="2"></td><td rowspan="2">1</td></tr>
<tr><td>标线厚度</td><td>2</td><td></td><td></td><td></td></tr>
<tr><td rowspan="5">防护栏</td><td>波形梁板基底金属厚度</td><td>2</td><td></td><td></td><td></td><td rowspan="5"></td><td rowspan="5"></td><td rowspan="5"></td><td rowspan="5"></td><td rowspan="5">2</td></tr>
<tr><td>波形梁钢护栏立柱壁厚</td><td>2</td><td></td><td></td><td></td></tr>
<tr><td>波形梁钢护栏立柱埋入深度</td><td>1</td><td></td><td></td><td></td></tr>
<tr><td>混凝土护栏强度</td><td>2</td><td></td><td></td><td></td></tr>
<tr><td>混凝土护栏断面尺寸</td><td>2</td><td></td><td></td><td></td></tr>
</table>

检查： 复核： 年 月 日

机电单位工程质量鉴定表　　附表 11

建设项目名称：　　路线名称：

起讫桩号：　　监理单位：

施工单位：　　合同段：机电 1 合同段

单位工程	分部工程评定											单位工程鉴定	
	分部工程类别	抽查项目					分部工程实测得分	扣分原因	外观扣分	分部工程得分	权值	单位工程得分	质量等级
		抽查项目	权值	检查点(组、段)数	合格点(组、段)数	合格率(%)							
机电工程	监控系统	闭路电视监视系统传输通道指标	1								1		
		可变标志显示屏平均亮度	1										
		计算机网健康测试	1										
		接地电阻、绝缘电阻	1										
	通信系统	光纤接头损耗平均值	1								1		
		光纤数字传输误码指标	1										
		数字程控交换接通率	1										
	收费系统	车道设备各车种处理流程	1								1		
		接地电阻、绝缘电阻	1										

检查：　　复核：　　年　月　日

路基单位工程外观扣分原因统计表　　附表 12

建设项目名称：　　路线名称：

起讫桩号：　　监理单位：

施工单位：　　合同段：土建 1 合同段

单位工程	分部工程类别	外观检查情况	扣分	累计扣分	检测公里(座、道、处)数	平均扣分
路基工程	路基土石方	1.				
		……				
	排水工程	1.				
		……				
	小桥	1.				
		……				
	涵洞	1.				
		……				
	支挡工程	1.				
		……				

检查：　　复核：　　年　月　日

桥梁单位工程外观扣分原因统计表

附表 13

建设项目名称：　　　　　　　　　　路线名称：

起讫桩号：　　　　　　　　　　　　监理单位：

施工单位：　　　　　　　　　　　　合同段：土建 1 合同段

单位工程	桩号	分部工程类别	外观检查情况	扣分	累计扣分
桥梁工程	K0+000 桥（左幅）	上部	1.		
			……		
		下部	1.		
			……		
		桥面系	1.		
			……		

检查：　　　　　　　　复核：　　　　　　　　年　月　日

隧道单位工程外观扣分原因统计表

附表 14

建设项目名称：　　　　　　　　　　路线名称：

起讫桩号：　　　　　　　　　　　　监理单位：

施工单位：　　　　　　　　　　　　合同段：土建 1 合同段

单位工程	桩号	分部工程类别	外观检查情况	扣分	累计扣分
隧道工程	K0+100 隧道（左幅）	衬砌	1.		
			……		
		总体	1.		
			……		
		隧道路面	1.		
			……		

检查：　　　　　　　　复核：　　　　　　　　年　月　日

路面单位工程外观扣分原因统计表

附表 15

建设项目名称：　　　　　　　　　　路线名称：

起讫桩号：　　　　　　　　　　　　监理单位：

施工单位：　　　　　　　　　　　　合同段：路面 1 合同段

单位工程	分部工程类别	外观检查情况	扣分	累计扣分	检测公里数	平均扣分
路面工程	面层	1.				
		2.				
		3.				
		……				

检查：　　　　　　　　复核：　　　　　　　　年　月　日

交通安全设施单位工程外观扣分原因统计表　　附表16

建设项目名称：　　路线名称：

起讫桩号：　　监理单位：

施工单位：　　合同段：交通安全设施1合同段

单位工程	分部工程类别	外观检查情况	扣分	累计扣分	检测公里数（块数）	平均扣分
交通安全设施	标志	1.				
		……				
	标线	1.				
		……				
	防护栏	1.				
		……				

检查：　　复核：　　年　月　日

机电单位工程外观扣分原因统计表　　附表17

建设项目名称：　　路线名称：

起讫桩号：　　监理单位：

施工单位：　　合同段：机电1合同段

单位工程	分部工程类别	外观检查情况	扣分	累计扣分
机电工程	监控系统	1		
		……		
	通信系统	1.		
		……		
	收费系统	1.		
		……		

检查：　　复核：　　年　月　日

参 考 文 献

[1] 何光,马中南,等.安徽省公路水运重点工程项目建设质量管理指南[M].北京:人民交通出版社,2012.

[2] 中华人民共和国国家标准.GB/T 50326—2006　建设工程项目管理规范[S].北京:中国建筑工业出版社,2006.

[3] 冯正霖在全国公路建设座谈会上的讲话,2010.

[4] 中国建设监理协会.建设工程质量控制[M].北京:中国建筑工业出版社,2003.

[5] 2007 版《标准文件》编制组.中华人民共和国标准施工招标文件[M].北京:中国计划出版社,2007.

[6] 公路工程质量监督规定(交通部令〔2005〕第 4 号).

[7] 公路工程质量监督检查办法(质监公字〔2005〕10 号).

[8] 云南省公路工程质监监督检查办法(云交质〔2008〕116 号).

[9] 公路工程竣(交)工验收办法(交通部令〔2004〕第 3 号).

[10] 公路工程竣(交)工验收办法实施细则(交公路发〔2010〕65 号).